Javier Melloni

De aquí a Aquí

editorial Kairós

© 2021 by Javier Melloni

© de la edición en castellano:
2021 by Editorial Kairós, S.A.
Numancia 117-121, 08029 Barcelona, España
www.editorialkairos.com

Fotocomposición: Florence Carreté
Diseño cubierta: Katrien Van Steen
Imagen cubierta: Evgeniva Biriukova
Impresión y encuadernación: Romanyà-Valls. 08786 Capellades

Primera edición: Marzo 2021
Segunda edición: Septiembre 2021

ISBN: 978-84-9988-852-1
Depósito legal: B 4.404-2021

Este libro ha sido impreso con papel certificado FSC, proviene de fuentes
respetuosas con la sociedad y el medio ambiente y cuenta con los
requisitos necesarios para ser considerado un «libro amigo de los bosques».

A mis hermanos y hermanas de Manlleva,
Santuario de Presencia,
en agradecimiento
por los cuatro años compartidos
aprendiendo y viviendo
el don,
el asombro,
de ser cuencos de existencia.

(Agosto de 2015 - Agosto de 2019)

Sumario

Prólogo

Hoy podemos iluminar el tiempo presente con la sabiduría de las tradiciones que nos preceden. Este es el don y la responsabilidad de nuestra generación. Ello expande nuestro Aquí, a la vez que lo concentra, porque convoca en cada lugar a todos los demás lugares, a todos los tiempos en un mismo tiempo. Necesitamos de todo este bagaje para responder lúcidamente al momento que nos ha tocado vivir. Despreciar esta oportunidad nos convertiría en seres desagradecidos, además de irresponsables.

Por ello este libro está preñado de presencias. Innumerables humanos nos anteceden. Algunos serán convocados recurriendo a sus escritos, que ennoblecerán e iluminarán estas páginas. Nos acompañarán porque sus pasos dejaron rastros sabios y necesarios en la arena, huellas convertidas en señas que acabaron siendo camino para los demás. Deberíamos vivir de tal manera que fuéramos dignos del legado que nos han dejado los que nos preceden, a la vez que pudiéramos ser fuente de inspiración y de fortaleza para los que nos sucedan.

En cada ser humano está la humanidad entera y en la humanidad entera está cada ser humano. Determinadas palabras y situaciones tienen la capacidad de destilar y expandir estas dos afirmaciones –que en cada uno estamos todos y que en todos estamos cada uno– y contienen la fuerza de hacerlas verdaderas.

Nuestro tiempo de crisis necesita nuevas respuestas porque la vida humana está en cambio permanente, y ello requiere una escucha y un discernimiento continuos. En chino, la palabra *crisis* se expresa con dos ideogramas que significan peligro y oportunidad. El peligro está claro; que sea oportunidad depende de cómo respondamos. A cada generación le toca concretar un modo de vivir que sea significativo, incluso salvífico para su tiempo. Sin duda hay unas condiciones externas más favorables que otras, aunque, en verdad, cada momento y cada lugar nos dan la oportunidad de cruzar el umbral hacia una vida más auténtica y más plena. Esos lugares y esos momentos se hallan en el mismo lugar y en el mismo instante en que nos encontramos, pero necesitamos estar atentos y disponibles.

En los últimos años de mi propio caminar, he identificado estos doce umbrales que presento para pasar de *aquí* a *Aquí*. Todos van a dar al mismo Lugar desde cualquiera de los lugares. Por eso hay muchos más, pero me limito a proponer estos. Cada umbral es también un camino, ya que, si bien atravesar el linde se produce en ocasiones de un modo inmediato, fruto de un instante de lucidez o determinación, la mayoría de las veces es resultado de un largo proceso. Cualquier apariencia de inmediatez está sostenida por un lento desarrollo que eclosiona en un instante determinado, como el abrirse de una flor después de un largo invierno. Todo tiene su momento, todo tiene su Kairós.

Cada capítulo terminará en forma versificada. Aunque tal vez el resultado no contenga el frescor de los verdaderos poemas, me he arriesgado a expresarme de este modo para tratar de recoger la esencia de los umbrales recorridos.

Escribir y publicar estas páginas me compromete con la vida vivida y con la vida que me queda por vivir. Comparto lo que deseo sostener y transparentar, tratando de hacer creíble lo que se encuentra escrito en ellas, sabiendo que es un horizonte siempre por alcanzar.

Introducción:
Cada instante es un umbral

Dime, prisionero:
«¿Quién te encarceló?».

RABINDRANATH TAGORE

Todo lo que necesitamos está aquí y todo lo que está aquí lo necesitamos. Pero pocas veces accedemos a la completud de este *Aquí* porque estamos distraídos o bloqueados en otro *aquí*. Tal es la paradoja de la condición humana: tener conciencia sin ser apenas conscientes, estar aquí y ahora en cada momento y, sin embargo, no llegar a estar plenamente presentes en ningún momento, con el agravante de que nuestra percepción parcial nos hace pensar que es total, haciéndonos creer que eso es todo lo que podemos vivir. El coste es grave: nos sostenemos frágil e inestablemente a costa de un permanente debilitamiento de nuestro ser.

Lo que buscamos ya está en y entre nosotros. En verdad, *es* nosotros, pero permanece como *Otro* mientras no lo hallamos. El *Aquí* del que nos sentimos exiliados es la tierra pura en la que ya estamos. Mientras buscamos, desdoblamos el *aquí* en el que no acabamos de estar respecto del *Aquí* que anhelamos y que esperamos hallar *allá*. Corremos agitados e insatisfechos. Cuando lo encontramos, nos encontramos. Entonces pueden desplegarse las potencialidades del *Aquí* en el que ya estábamos y que aguarda en todo momento nuestro despertar.

Buscando, nos abrimos de tal modo que desaparece la separación entre lo que buscábamos y lo que encontramos. Entonces somos encontrados en presencia de El[Lo]-que-es. Tan cerca y a la vez tan lejos, tan lejos y a la vez tan cerca.

Pero no es suficiente encontrar y encontrarse a sí mismo en el Sí-mismo-presente-en-todo por unos instantes para volver a perderse. Hay que poder permanecer arraigados y estables en Él[Ello]. En cada momento hay un verterse de lo que adviene y un acoger lo que se vierte. Esto sucede en cada situación que se nos da a vivir. Pero la mayor parte del tiempo estamos des-terrados, fuera de la tierra que nos sostiene. No lo apercibimos. No somos capaces de acoger lo que en ese mismo momento se nos está dando porque andamos ansiosos y dispersos, incapaces de recibir el ahora en el que estamos transcurriendo y recibiendo el ser.

Para ello se requiere un acrecentamiento de conciencia. No es cuestión de creer, sino de *ver*. La consciencia es mucho más que el pensamiento. Participan la percepción, el corazón y la mente, y los tres están sostenidos por la determinación de permanecer abiertos, en estado de receptividad y de entrega, esos dos tiempos que ritman nuestra vida, como la respiración y el latir del corazón.

Sostenerse en estado de acogida y ofrenda convierte el Exilio en Reino. «El Reino de Dios está en vosotros», dijo el Rabino de Nazaret en diversas ocasiones.[1] El Exilio y el Reino no son lugares. Son estados. Y ambos están en cada lugar y en el mismo lugar. Hallarse en el Exilio o en el Reino depende de cómo vivamos cada situación. Este cambio de estado es un umbral que puede cruzarse en cada momento. En el budismo se dice que existen ochenta y cuatro mil entradas en el *Dharma*.[2] *Dharma* no entendido como enseñanza sino como el orden verdadero de las cosas, como el fondo de la realidad. Ochenta y cuatro mil es un número simbólico de desmesura. Significa que existen infinitas posibilidades de entrar en lo Real, tantas posibilidades como situaciones se presentan. Cada momento, cada circunstancia es una oportunidad.

Cada instante nos llega incondicionado, fresco, inmaculado. Brota de un Fondo que desconocemos, y en cada momento tenemos la posibilidad de recibirlo. Cada ahora contiene el potencial de ser acogido de un modo pleno, pero también puede encontrarnos distraídos. Cada situación que adviene es el umbral que estamos invitados a cruzar. Nadie lo puede hacer en nombre nuestro. Nadie puede sustituir nuestra vida, ningún instante de nuestra existencia puede ser delegado a

1.   Cf. Lc 17, 21; 11, 20; Mt 3, 2; 10, 7; 23, 13; Mc 1, 15.
2.   Thich Nhat Hanh, *Buda viviente, Cristo viviente*, Editorial Kairós, Barcelona, 1996, pág. 49. También es mencionado por el Dalai Lama en: *Mi biografía espiritual*, Editorial Planeta, Barcelona, 2010, pág. 96.

otra persona ni a otro momento. Pero sí que podemos ayudarnos mutuamente a ser nosotros mismos y a completar el Todo que formamos entre todos. Cada *ahora* contiene la densidad de toda nuestra existencia. Se trata de que estemos abiertos y despiertos. En palabras de Bodhidharma, el primer patriarca de la tradición zen:

> El lugar por donde se camina es el lugar del despertar, el lugar donde estoy tumbado es el lugar del despertar, el lugar donde estoy sentado es el lugar del despertar, el lugar donde estoy de pie es el lugar del despertar. Levantar o bajar el pie es el lugar del despertar.[3]

Todo está aquí, pero somos incapaces de verlo. La avidez nace de la sensación de carencia, ya sea física, psíquica o espiritual. El gran trabajo, la gran obra, consiste en sostenerse en esa sensación de vacío sin querer saciarla con un objeto externo, porque entonces solo se colma pero no se transforma. Hay que poder detenerse en esa sensación, en cada percepción, observarla e ir hasta su origen. Todo es signo de otra cosa más alta, más amplia, más profunda. Hemos de cuidar las condiciones que nos permitan esta receptividad. De otro modo, sensaciones y emociones nos arrastran en un sucederse continuo y *aquí* jamás se convierte en *Aquí*, ya que nuestras vivencias difusas o compulsivas nos condenan a convertir-

---

3. *Tratado de Bodhidharma*. (*Los textos fundacionales del budismo zen*), Editorial José J. de Olañeta, Palma de Mallorca, 2013, pág.84.

nos en objeto de nosotros mismos en lugar de sujetos. Llegar a ser sujetos es la clave de nuestra libertad, sea cual sea la situación en la que nos encontremos. Así lo comprendió François-Xavier Nguyen van Thuan la primera noche de su arresto, obispo vietnamita que estuvo ocho años en prisión:

> Ayer por la tarde fui detenido. Trasportado durante la noche de Saigón hasta Nha Trang, a cuatrocientos kilómetros de distancia en medio de dos policías, he comenzado la experiencia de una vida de prisionero. Hay tantos sentimientos confusos en mi cabeza: tristeza, miedo, tensión; con el corazón desgarrado por haber sido alejado de mi pueblo [...]. Pero en este mar de extrema amargura, me siento más libre que nunca [...]. De camino a la cautividad he orado: «Tú eres mi Dios y mi Todo» [...]. En la oscuridad de la noche, en medio de este océano de ansiedad, de pesadilla, poco a poco me despierto. Debo afrontar la realidad. Estoy en la cárcel. Si espero el momento oportuno para hacer algo verdaderamente grande, ¿cuántas veces se me presentarán ocasiones semejantes? No. Debo aprovechar las ocasiones que se presentan cada día para realizar acciones ordinarias de manera extraordinaria. No esperaré. Vivo el momento presente colmándolo de amor. La línea recta está formada por millones de puntos unidos entre sí. También mi vida está integrada por millones de segundos y de minutos unidos entre sí. Dispongo perfectamente cada punto y mi línea será recta. Vivo con perfección cada minuto y mi vida será santa.[4]

---

4. François-Xavier Nguyen van Thuan, *Cinco panes y dos peces*, Ciudad Nueva, Madrid, 2001, págs. 20-22.

Esta determinación de vivir en el presente es lo que le salvó de la depresión, de la locura o del suicidio. Durante ocho años, cada instante se convirtió en un umbral para transformar el tiempo de prisión en un retiro, su celda de prisionero en celda de ermitaño. Nadie puede hacer esto por otro. Solo puede brotar de nosotros mismos. Pero si logramos hacerlo, nuestra vida y nuestro entorno se transfiguran. De nuevo en palabras de Bodhidharma:

> Que todo lugar sea un no-lugar: este es el lugar del despertar. La persona realizada no rechaza ningún lugar, no se aferra a ningún lugar, no escoge ningún sitio, pero hace de todo un acontecimiento del Buda. Los nacimientos y las muertes se convierten en acontecimientos del Buda, la misma ilusión se convierte en acontecimiento del Buda.

La naturaleza búdica, la naturaleza crística, la naturaleza muhammatiana, la naturaleza esencial, el Sí mismo... Son diferentes modos que tienen las diversas tradiciones de expresar Lo que está oculto en el *otro* lado de aquí mismo.

De vez en cuando somos asaltados por irrupciones de lucidez y Presencia indecibles. De uno de estos asaltos brotó este poema, que es el que dio origen a todos los demás que cierran cada capítulo:

He vuelto a ser alcanzado
    por ráfagas
        de belleza inenarrable.

De nuevo he sido raptado
    por sobresaltos
        de contornos inefables

   que despiertan

siempre en mí
    la misma sed,
        el mismo anhelo
           de perderme en Ti.

Cada vez que asomas
    a través de formas
        de humildad
           y armonía cóncavas,

me confirmo
    que todo esto
        es un exilio

donde se proyectan
    sombras
        de Otro Lugar
           oculto
              en el reverso
      de Aquí
        mismo.

1. De la cerrazón a la apertura

Permanece abierto a toda percepción.
Las cosas aparecen en la apertura,
apuntan a la apertura
y desaparecen en la apertura.

JEAN KLEIN

Con los años he ido constatando que la distinción más determinante de los humanos no es entre creyentes y no-creyentes, sino entre seres abiertos y seres cerrados, y eso no tiene nada que ver con las creencias, que pueden abrirnos o pueden blindarnos. La vida solo puede ser vivida en estado de apertura, porque es una irrupción continua de más Vida de una Fuente que mana por doquier, sorprendiéndonos y rebasándose a sí misma. Nuestra condición limitada y finita tiende a replegarse quedándose al margen de ese flujo y acabamos construyendo un pequeño mundo como pálida sustitución de Lo que continuamente tenemos ante nosotros. Espaciosidad tal vez sea la palabra que mejor exprese a lo que invita la apertura. En palabras de Chögyan Trungpa, monje tibetano:

Fundamentalmente solo existe el espacio abierto, el fundamento único, lo que somos realmente. Nuestro estado mental más fundamental, antes de la creación del ego, es de tal naturaleza que se da en él una apertura básica o prístina, una libertad básica, cierta cualidad de espaciosidad. Aun ahora y desde siempre hemos tenido esta cualidad abierta.[1]

No nos damos cuenta de hasta qué punto estamos constreñidos y reducidos a los estrechos márgenes en los que nos sentimos seguros. Lo que desde ahí no se ve o no cabe, no existe para nosotros. Lo ignoramos o lo condenamos.

En esa sentencia, nosotros somos los primeros sentenciados, porque no somos capaces de caer en la cuenta de la prisión en que nos encierra. Como dice una *Upanishad*, «la divinidad es tímida como una gacela». No se deja atrapar. Esta imagen no atañe solo a la divinidad en sí misma, sino a lo divino que hay en todo. Es esa dimensión la que no se deja agarrar. Cuando se pretende capturar, se desagarra y nos desgarra.

Vivir en estado de abiertos

Vivir en estado de abiertos es permitir que se manifieste el destello que hay en todas las cosas. Estar abiertos es dejar

1.   *Más allá del materialismo espiritual*, Estaciones, Buenos Aires, 1998, pág. 122.

ser, posibilitar que las cosas manifiesten lo que son y entonces también podemos ser nosotros mismos.

Rainer Maria Rilke expresaba el estado de apertura que tienen los animales en contraposición a la opacidad de los seres humanos:

> [...] Su ser es para él
> infinito, suelto, y no mira
> a su estado, puro como su mirada hacia adelante.
> Donde nosotros vemos futuro,
> allí él ve Todo y a sí mismo en Todo
> y a salvo para siempre.[2]

Rilke contrasta la conciencia animal con la humana. Diferimos de los animales en que ellos reciben cada instante sin los filtros de la mente, de modo que no deforman la percepción de lo que viven con sus interpretaciones. Interpretar es proyectar unas determinadas categorías reduciendo el excedente que contiene toda experiencia. De este modo no puede irrumpir lo nuevo, sino que nos condenamos a la repetición de lo que ya conocemos. Vivir incondicionalmente supone soltar, dejar ir todo aquello que se interpone entre nosotros y lo que adviene o nos rodea. En una carta a un lector, Rilke aclaraba lo que entendía por *abierto*:

---

2. *Elegías de Duino*, Hiperión, Madrid, 2007, pág. 87.

Por abierto no entiendo ni cielo, ni aire, ni espacio, puesto que también estos son, para quien los considera y enjuicia, objetos que están enfrente, y por ello, opacos y cerrados. Los animales, las flores, probablemente, son esas aperturas sin darse cuenta de ello, y, por consiguiente, tienen ante sí y sobre sí, una indescriptible libertad [...].[3]

Heidegger quedó fascinado por la presencia de lo Abierto (*das Offene*) en la poesía de Rilke y lo puso en relación con lo arriesgado y con la atracción por lo ilimitado:

Lo Abierto es la gran totalidad de lo ilimitado. Permite que los seres arriesgados pasen dentro de la pura percepción en su calidad de atraídos, de tal modo que siguen pasando múltiplemente los unos hacia los otros sin toparse con barrera alguna. Pasando atraídos de esta manera, eclosionan en lo ilimitado, lo infinito. No se disuelven en la nada anuladora, sino que se resuelven en la totalidad de lo abierto.[4]

En la tradición zen se habla con mucha frecuencia de la *Apertura infinita*. El meditante llega a percibir que el mundo que le rodea posee una profundidad infinita. En palabras de Dogen, «déjate ir y te llenarás hasta la saciedad».[5] Heidegger

3. Antonio Pau, *Rilke*, Editorial Trotta, Madrid, 2007, pág. 427.
4. *Caminos de Bosque*, Alianza Editorial, Madrid, 2001, pág. 262.
5. Citado por Shizuteru Ueda, *Zen y filosofía*, Editorial Herder, Barcelona, 2004, pág. 29.

estuvo influenciado por filósofos japoneses practicantes de zen, algunos de los cuales fueron alumnos suyos. Prosigue Rilke en el poema citado anteriormente:

> Nosotros nunca tenemos, ni siquiera un solo día,
> el espacio puro ante nosotros al que las flores
> se abren infinitamente.[6]

Las flores, como se ha dicho antes a propósito de los animales, se abren ante ese espacio puro sin poner filtro, sin reserva alguna, exponiéndose a que, al entregarse, se acelere su condición efímera. El miedo a abrirse haría que la flor no llegara nunca a ser flor; esto es, a expandir su polen, fecundando y dejándose fecundar. Al querer preservarse, quedaría estéril encerrada en sí misma. Al exponerse, muere, pero lo hace tras haber realizado su razón de ser, su misión: polinizar. Seguirá existiendo en las plantas que aparecerán gracias a que se ha expuesto. La paradoja de toda existencia es que solo llegamos a ser plenamente cuando dejamos de ser. El pan alcanza plenamente su condición de pan cuando se empieza a comer. Antes de ser comido, su panidad está latente, pero no manifiesta. Se *panifica* y se plenifica en el acto de ser consumido. Tal es la paradoja de la vida: en el mismo lugar de su plenitud está su consumación. La culminación

6.   Rainer Maria Rilke, *op. cit.*, pág. 85.

se convierte en su extinción para dar paso a otra forma de vida en el cuerpo de quien lo ha comido. Solo así alcanza y realiza plenamente su razón de ser.

Por ello nos cuesta tanto estar abiertos. Lo mismo que nos consuma nos consume, lo mismo que nos despliega nos extingue para alcanzar otra forma de ser que desconocemos. Para evitarlo, permanecemos cerrados, y al cerrarnos, impedimos nuestra realización. La apertura genera espaciamiento. La cerrazón, estrechez y rigidez. La filosofía taoísta insiste en que lo tierno y flexible pertenecen al reino de la vida, y lo que es fuerte y rígido al reino de la muerte.[7] La cerrazón nos exilia del Aquí y bloquea las posibilidades de la vida en su doble manifestación: recibir y entregarnos plena y totalmente en el momento y en el lugar en los que estamos.

Hacerse disponibles a la apertura

Esta plena disponibilidad que da vivir abiertos no es sino la *segunda inocencia* de la que hablaba Raimon Panikkar, una inocencia que no está atrás, sino adelante, que nos bautiza a cada momento en la medida en que nos abrimos a la realidad completa. No está atrás porque no es la primera inocencia todavía inconsciente de la infancia, sino que es fruto de la maduración que supone haberla cuestionado e

---

7.   Cf. Lao-Tse, *Tao Te King*, IX, XXI, XXII, XXVI, etc. Visor Libros, Madrid, 2015.

incluso haberla perdido para recuperarla en plena adultez, libre y conscientemente. Y no nos referimos solo a un proceso personal, sino también colectivo. Insistir en esta doble perspectiva forma parte del impulso de estas páginas.

Vivir en estado de abiertos es dejar que las olas del mar rompan en el pecho, es dejarse tomar por lo que llega en lugar de refugiarse en el pequeño recinto en el que nos sentimos a salvo. Con estas mismas palabras lo dice Rumi:

> Cuando irrumpa el océano,
> No quiero quedarme oyéndolo solamente.
> ¡Quiero que me salpique dentro del pecho![8]

Jesús de Nazaret abrió su pecho y ebrio de Dios derribó las puertas del templo y las murallas de la Ley descubriendo la sacralidad de todas las cosas, su más íntima y soberana libertad: «Mirad los pájaros, que ni siembran, ni siegan ni almacenan en graneros; mirad los lirios del campo, que ni trabajan ni tejen, y van mejor vestidos que en tiempos de Salomón» (Mt 6, 26-29). Mirar ya es abrirse para poder ver lo que está abierto, esa pureza de corazón que permite percibir la presencia de Dios por doquier.[9]

Tal es la experiencia que, desde otra perspectiva pero atravesando el mismo umbral, tuvo Jean Klein en una pla-

---

8.   Coleman Barks, *La esencia de Rumi*, Editorial Obelisco, Barcelona, 2002, pág. 167.
9.   Cf. Mt 5, 8.

ya de Bombay. De origen checo, siendo joven había ido a
la India para conocer la música clásica hindú y durante dos
años había estado aprendiendo sánscrito; también había em-
pezado a interesarse por el yoga. Sin darse cuenta se había
preparado para ese momento:

> Durante dos años había tenido lugar una retracción de toda
> la energía que habitualmente se emplea en tratar de alcanzar
> una meta. A raíz de ello, sucedió que, al cruzar mi campo vi-
> sual una bandada de pájaros, en lugar de quedarme absorbido
> en ellos, fueron ellos los que se quedaron absorbidos en mí, y
> me encontré de pronto sumido en una percepción total, libre de
> objetos. Lo que admiraba esta vez, los pájaros, se disolvió en
> lo Admirado, en la presencia; y la admiración se disolvió en lo
> Admirado. Antes de que los pájaros aparecieran, me había ha-
> llado en un estado prolongado y profundo que podría definirse
> como «un estar abierto a la apertura». Ahora experimentaba el
> ser la apertura misma, idéntico a ella. Había desaparecido por
> completo la dualidad.[10]

A partir de esa experiencia, quedó permanentemente disponible y receptivo. Adquirió una nueva percepción de
las cosas porque dejaron de estar referidas a un yo que las
capturara. El resto de su vida se dedicó a transmitir cómo

---

10.   Robert Ullman y Judyth Reichenberg-Ullman, *Místicos, maestros y sabios*, Editorial
       Kairós, Barcelona, 2009, págs. 257-258.

disponerse y sostenerse en esta receptividad. En sus enseñanzas insiste:

> Permanece abierto a toda percepción. Las cosas aparecen en la apertura, apuntan a la apertura y desaparecen en la apertura. No hay captación ni identificación. Solo hay acontecimiento. Todo lo que aparece apunta a tu verdadera naturaleza.[11]

Para Klein, la clave está en afinar esa disponibilidad:

> Vive cada vez con mayor intimidad contigo mismo. Escuchar es amar. Cuando mantenemos la actitud de bienvenida, esta te atrae hacia sí misma y el énfasis ya no está en la sensación de ningún objeto sino en el hecho mismo de la bienvenida [...]. Se produce como una especie de implosión y los objetos son absorbidos por la consciencia.[12]

Tal vez también fuera este el mensaje más recurrente de Krishnamurti, al cual se le preparó desde pequeño para ser el gurú adorado de una comunidad –la sociedad teosófica– pero renunció a ello en plena juventud porque no quería sentirse atrapado ni quería atrapar a nadie:

---

11. *Ibidem*, pág. 42.
12. Jean Klein, *Quién soy yo. La búsqueda sagrada*, Third Millennium Publications, California, 1993, págs. 40-41.

La Verdad es una tierra sin caminos, y no es posible acercarse a ella por ningún sendero, por ninguna religión, por ninguna secta [...]. Al ser ilimitada, incondicionada, inabordable, no puede ser organizada; ni puede formarse organización alguna para conducir o forzar a la gente por algún sendero particular. La Verdad se empequeñece [...] y se convierte en una muleta, en una debilidad, en una servidumbre que por fuerza mutila al individuo y le impide crecer, establecer su unicidad que descansa en el descubrimiento que haga por sí mismo de esta Verdad absoluta e incondicionada.[13]

Con todo, ya que los seres humanos participamos de la misma aventura de existir, podemos ayudarnos los unos a los otros compartiendo nuestros hallazgos. Las religiones, cuando no se imponen, ofrecen claves para abrirse.

La realidad, una parábola que descodificar

Pero nos resistimos y nos cuesta estar receptivos. Ya lo dijeron los profetas de Israel: «Miran y no ven; oyen y no escuchan» (Is 6, 9); «Tenéis ojos, pero no veis; orejas, pero no oís» (Jr 5, 21); «Tú, hijo del hombre, que vives en medio de un pueblo que tiene ojos para ver pero no ve y orejas para escuchar pero no oye» (Ez 12, 2).

---

13.   Citado por P. Jayakar, *J. Krishnamurti, Biografía*, Gaia, Madrid, 2011, págs. 111-115.

A eso mismo se refería Jesús, sorprendido de que ni sus mismos discípulos le entendieran:

–¿Por qué les hablas en parábolas?
Él les respondió:
–Es que a vosotros se os ha dado conocer los misterios del Reino de los Cielos, pero a ellos no. Porque a quien tiene se le dará y le sobrará; pero a quien no tiene, aun lo que tiene se le quitará. Por eso les hablo en parábolas, porque viendo no ven, y oyendo no oyen ni entienden.[14]

¿Quién es ese «vosotros»? ¿A quiénes están dirigidas estas palabras? A todo ser humano que esté abierto, sean cuales sean sus creencias. ¿Quiénes son «ellos»? Todos aquellos que permanecen cerrados y blindados en sus propias seguridades y prejuicios. Y ¿qué es el Reino de los Cielos? Esa apertura infinita cuyos misterios están disponibles para todo aquel que esté receptivo. Por eso, «a quien tiene se le dará más y al que no tiene se le quitará», porque quien está receptivo tiene la disposición de recibir cuanto le llega, mientras que quien está cerrado no puede gustar no solo lo que se le ofrece, sino tampoco lo que tiene. No porque se le quite, sino porque él mismo se está privando de ello por los tensores que le impiden gustar, sentir y recibir.

14.   Mt 13, 10-11.

Todo lo que vivimos es una parábola. Nos llega en lenguaje cifrado porque nuestra resistencia desfigura el mensaje. Esto es lo que comprende el islam: cada versículo del Corán es una *aleya*, un signo. Aprender a interpretar las palabras reveladas en el Libro lleva a descifrar la revelación que se vierte por doquier. Todo es símbolo para quien sabe ver, conjunción de lo visible y lo invisible, de lo concreto y tangible con el excedente de significado que toda manifestación contiene.

El sentido de lo que vivimos se descodifica por un acto de confianza y de ofrenda que nos hace capaces de abrazar lo que adviene. Este abrazo de apertura permite que se revelen los misterios del Reino de los Cielos –esa Profundidad oculta en la misma tierra que vivimos– en tanto que el sentido de lo que está aconteciendo está en eso mismo que acontece. En eso mismo que sucede subyace el tesoro escondido.[15] Es la nube que oculta su propio sol.

Osar la libertad

La tarea de la vida espiritual consiste en vivir en este estado de conciencia abierta, por el que pasamos de ser capturadores a cuencos receptores. Rumi exclama:

---

15.   Cf. Mt 13, 44.

¡Los peces no conservan

el sagrado líquido en copas

sino que nadan por toda la inmensidad

de esa libertad líquida![16]

¿De qué «sagrado líquido» habla Rumi? ¿A qué inmensidad acuosa se refiere? ¿De dónde proviene, de dónde brota el gozo desde el que habla? De haber gustado la inagotabilidad de la Vida que está siempre disponible, frente a los pequeños sorbos de supervivencia con los que malgastamos nuestra sed.

En esta radical y continua acogida de la realidad, *lo-que-somos* y *lo-que-recibimos* se descubren como una sola cosa. «Reconocer la realidad tal como es hace que el reconocimiento y la liberación sucedan a la vez».[17] Quien dice estas palabras es Yongey Mingyur Rimpoché, un monje budista tibetano contemporáneo que, siendo un joven abad de un monasterio en la India, lo abandonó durante cuatro años porque se sentía prisionero de su rol. Quiso experimentar por sí mismo la incerteza de vivir a la intemperie, sin ningún tipo de seguridad ni de identidad en las que refugiarse. Hasta entonces había estado protegido en su comunidad, considerado un ser especial desde su nacimiento. Al abandonar el monasterio, se

---

16.   Coleman Barks, *op. cit.*, pág. 160.

17.   Yongey Mingyur Rimpoché, *Enamorado del mundo*, Rigden Intitut Gestalt, Madrid 2018, pág. 68.

convirtió en un mendigo anónimo e insignificante, lo cual le llenó de agitación y de desolación al comienzo. El relato se concentra en las primeras tres semanas fuera del monasterio, en las que tuvo que poner a prueba todo lo que había aprendido, aferrándose a las enseñanzas y técnicas de meditación y observación de sí mismo para no sucumbir. Rastreó todas sus reacciones y recurrió a todos sus conocimientos para no dejarse arrastrar por la angustia y perecer en la intemperie. La mala alimentación le provocó una infección estomacal que le llevó al borde de la muerte. Pero precisamente eso fue lo que le permitió alcanzar un estado de lucidez y libertad que no hubiera conseguido en muchos años de meditación encerrado en su monasterio. La misma diarrea que le convertía en un desperdicio de ser humano le sirvió de vehículo para atravesar el umbral de una consciencia más plena:

> De repente, la conciencia y la vacuidad se unificaron, indivisibles, como siempre son. Pero el reconocimiento jamás había sido tan completo […]. El universo entero se expandió y se unificó totalmente con la consciencia. Sin mente conceptual. Ya no estaba en el universo. El universo estaba en mí. No había ningún yo separado del universo. Ninguna dirección. Ningún dentro ni fuera. Ninguna percepción ni no percepción. Ningún yo ni no-yo. Ningún vivir ni morir.[18]

18.   *Ibidem*, pág. 271,

Tras esta experiencia, el monje confiesa no haber vuelto a sentirse jamás solo. Superada la disentería, erró durante cuatro años como mendigo hasta regresar a su monasterio con más libertad y más sabiduría.

La llamada de la vida es a permanecer abiertos al misterio, entendiendo este término también de un modo radicalmente abierto. Así lo expresa Jorge Ferrer, filósofo transpersonal y teorizador del giro participativo, que consiste en tomar conciencia de que nuestro modo de percibir la realidad nos hace cocreadores de ella:

> Utilizamos el término misterio por ser conceptualmente vago, abierto y ambiguo, para referirnos a la energía creativa o fuente no determinada de la realidad, del cosmos, de la vida y de la conciencia. Así entendido, el término misterio impide reivindicaciones o insinuaciones de certeza dogmática con los exclusivismos religiosos que puedan ir asociados; más positivamente invita a una actitud de humildad y receptividad intelectual y existencial hacia el Gran Interrogante que es la fuente de nuestro ser.[19]

Esta disposición es la condición de posibilidad para que la Vida irrumpa y mane de una Fuente inagotable. La particularidad de este Gran Interrogante es que no es convexo, sino cóncavo, el cual se sostiene desde su base y es capaz de acoger la

---

19.   J.N. Ferrer y J.H Sherman, eds., *El giro participativo. Espiritualidad, misticismo y estudio de las religiones*, Editorial Kairós, Barcelona, 2011, nota 88, pág. 447.

totalidad de lo Real. Nos atañe cuidar las palabras heredadas de las diferentes tradiciones para que sean cuencos abiertos en los que podamos confluir, reconocernos y conjuntamente avanzar. Para ello tenemos que recurrir al don de los místicos poetas, que son capaces de expresarse de un modo en el que todos nos encontramos. Así sucede con Rumi:

> Hemos ido a parar al lugar
> donde todo es música.
> El rasgueo y las notas de la flauta
> se elevan hacia la atmósfera,
> y aunque se quemara el arpa de todo el mundo,
> seguirían quedando instrumentos escondidos.
>
> [...]
>
> Provienen
> de una lenta y poderosa raíz
> que no podemos ver.[20]

Cuando estamos abiertos, no nos importa no poder ver la raíz. Nos basta con escuchar esa música que se convierte en savia que nos impulsa a cruzar confiadamente ese umbral que nos lleva al otro Lado de aquí mismo.

20.   Coleman Barks, *op. cit.*, pág. 57.

* * *

Abrir es ya partir.
 El tímido gesto de la mano
  sobre el paño de la puerta
   contiene ya la determinación
    de salir.

Hay que confiar y exponerse,
   osar el giro

a pesar del chirrío de todo nuestro cuerpo
  como gozne que se resiste
   a dejarse ir.

No partir es morir,
 condenarse a la repetición incesante
  de beber el contenido contaminado
   de nuestros bucles inacabables.

Hay que romper el espejo para que se convierta
 en brecha
  por donde
   trascender
    y fluir.

Liberar,
 dejar paso a todas las posibilidades que esperan
  a que dejemos de estar confinados,
   prisioneros de nosotros mismos,
    secuestrados por temor a salir.

Nos esperan en el otro lado
   de cada aquí,
      nos esperan sin forzarnos
         dándonos el tiempo necesario
           para que tengamos el coraje
         de abrir
           y partir.

2. Del ruido al silencio

La forma más elevada de la gracia es el silencio.
También es la enseñanza más alta.
El silencio es el habla que nunca cesa.

RAMANA MAHARSHI

Detenerse y lentamente aquietarse. Dejar que todo empiece a hablarnos de otro modo. Mientras no estamos silenciados, nuestra mente nos ensordece con su continuo discurrir y discutir. Lo que nos dice ya lo conocemos: elaboraciones y reelaboraciones inacabables, incesantes recuerdos e interpretaciones de nuestros choques con la exterioridad –heridas dispares, algunas de las cuales acaban desapareciendo y otras van infectándose y haciéndose más profundas– que nos llevan a comprensiones fragmentarias y a exiguas estrategias para sobrevivir. No somos conscientes del ruido permanente que distorsiona nuestro escuchar y nuestro ver ni hasta qué punto deforma nuestro modo de percibir. Permanecemos también con rumores que provienen de necesidades y carencias tan antiguas que no sabemos identificar ni tampoco vivir sin ellas. Solo somos capaces de ver y oír lo que nos llega a través de nuestras estrechas rendijas y gruesos vendajes. Se nos escapa lo esencial. Nada nos pertenece y, sin embargo, estamos continuamente reteniendo, y esto genera una tensión y un barullo interno persistentes.

Una enseñanza más alta

Cuando el silencio se instala en nosotros, se descorre un velo y el mundo adquiere una nueva luminosidad. Nuestra existencia se despliega en cada situación que se presenta para que nos dejemos moldear y nos dejemos conducir más allá de nosotros mismos. Las cosas y las personas aparecen ante nosotros de un modo virgen si nos hacemos disponibles a lo que nos quieren comunicar. Silenciarse es adentrarse en la realidad de un modo desarmado e inocente para disponerse a ver y a escuchar. Aparecen entonces otras imágenes y sonidos y un lenguaje nuevo teje esas voces que nos transmiten un mensaje muy diferente del que intentábamos descifrar con nuestra mente. Ese umbral está siempre presto a abrirse. Es la puerta por la que abandonamos el mundo construido por nosotros y nos adentra en una realidad que es demasiado sutil para poder poseerla, demasiado amplia para abarcarla, demasiado honda para alcanzarla, demasiado cercana para reconocerla.

En ese silencio quedó instalado Ramana Maharshi a partir de los dieciséis años, cuando fue absorbido en el Absoluto. Decía:

La forma más elevada de la gracia es el silencio. También es la enseñanza más alta [...]. El silencio es el habla que nunca cesa. La palabra vocalizada obstruye el habla del silencio. En el silencio uno está en contacto íntimo con lo que le rodea. La verdad se expone en el silencio.[1]

Durante los primeros once años se mantuvo sin hablar en diferentes grutas de Arunachala, una montaña sagrada en el sur de la India. Ante la insistencia de los que venían a consultarlo, empezó a responder a algunas preguntas, convencido, sin embargo, de que el silencio seguía siendo su mejor enseñanza:

El silencio siempre es elocuente. Es un flujo permanente del lenguaje, que es interrumpido por el habla, una corriente [de sentido y de Presencia] que se obstruye por medio de las palabras.[2]

Ramana se estaba refiriendo implícitamente a la tradición hindú de la transmisión de la iniciación o de la enseñanza (*diksha*). Clásicamente existen cuatro vehículos: la mirada, el mantra, el toque y el poder de la mente del maestro. Ramana añadió el silencio (*mouna*). Decía:

1.   *Sé lo que eres*, editado por David Godman, Sri Ramanasraman, Tiruvanamalai, 1994, pág. 160.
2.   *Ibidem*, págs. 158-159.

> Lo que uno no logra conocer a través de una conversación que se extiende por varios años se puede conocer en un instante en el Silencio o frente al Silencio.[3]

Cada día, hacia el atardecer, entraba en *samadhi* (absorción) y en la sala se creaba una densidad de silencio todavía más profundo que producía una irradiación de Presencia y Consciencia de Ser todavía mayores.

También Nisargadhata, aunque más locuaz que Ramana, ensalza continuamente el silencio:

> La experiencia de existir sin pronunciar una sola palabra es el conocimiento verdadero.[4]

> Solo en silencio y en la oscuridad puede verse y oírse lo Real.[5]

El espacio y la claridad que brotan de ahí son superiores a todo lo que la mente puede prever. Porque el pensamiento construye a partir de material conocido, mientras que el silencio permite descorrer el velo que se interpone entre nosotros y lo que está ante nosotros. Entonces comenzamos verdaderamente a *escuchar* y a *ver*. Tras lo que pensábamos que sabíamos o tras quien pensábamos que conocíamos,

3. Ramana Maharshi, *Conversaciones con Sri Ramana Maharshi*, t. I, Sanz y Torres, Madrid, 2006, pág. 270.
4. Nisargadatta, *Meditaciones*, Editorial Kaírós, Barcelona, 2016, pág. 39.
5. Nisargadatta, *Yo soy Eso*, Editorial Sirio, Málaga, 1998, pág. 126.

aparece el verdadero Rostro. Permitimos que se muestre el interior de cada persona o situación como si fuera por primera vez. En verdad, así es, porque cada vez es la primera, la única vez, la irrepetible ocasión que se abre con todas sus posibilidades si estamos en estado de transparencia, dispuestos a acoger y a dejarnos sorprender.

El sacramento del silencio

Paul Knitter, en sus confesiones y reflexiones sobre cómo el budismo le ha ayudado a continuar siendo cristiano, agradece haber descubierto en el budismo un octavo sacramento: el sacramento del silencio.

> El silencio es un medio para reconocer al Espíritu, para dejarlo ser, para abrirnos a él. Comulgo simplemente siendo [...]. Es un soltarlo todo y permitirse ser llevado por la «vasta apertura» o la «ausencia de fundamento».[6]

Silenciarse es espaciarse por dentro y por fuera, abrirse a que el Todo se deje contener en todo. El equívoco de Occidente es haber reducido la consciencia a la capacidad mental que investiga la realidad sin comulgar con ella. Hay mucha más

---

6.   Paul Knitter, *Sin Buda no podría ser cristiano*, Editorial Fragmenta, Barcelona, 2016, pág. 270.

consciencia que la mente. Cuando esta se silencia, se abren espacios insospechados que nos aguardan. Del amable e indomesticable Henry D. Thoreau, empedernido solitario pero también solidario, brotaban versos como este:

Mi día sin ruido está repleto de misterio.[7]

Así vivía, abierto y atento, despierto a todo lo que tenía ante él. Y de Rumi nos llega:

Existe un camino entre la voz y la presencia
por donde fluye la información.
Ante el silencio disciplinado se abre.
Ante el hablar errático, se cierra.[8]

Si el silencio no es la ausencia de ruido sino la ausencia de ego, cada uno debe descubrir cómo lograr que su ego se ausente. Cada cual está llamado a cultivar este silenciamiento, y también lo está la sociedad entera. No solo al comienzo y al final de la jornada, sino también durante el día, dándonos espacio con diferentes pausas. Hemos de ser capaces de introducir otro ritmo en nuestras jornadas. Así nace una calidad de Presencia hacia las cosas, hacia las personas y hacia uno mismo que posibilita la escucha y la apertura.

---

7. Henry David Thoreau, *Poemas*, Cátedra, Madrid, 2018, pág. 92.
8. Coleman Barks, *op. cit.*, pág. 53.

Hemos de descubrir un acceso diferente a nosotros mismos. También civilizatoriamente.

La misma meditación es un lugar donde indagar sobre nuestra mente y descubrir sus complejos mecanismos que le impiden acallarse para que libere un espacio dentro de sí misma. Esta mirada sobre la mente no se hace desde la mente, sino desde otra consciencia que hay en nosotros que se suele llamar «el testigo» y sobre el que volveremos en diversas ocasiones. Así se da la posibilidad de indagar sobre la naturaleza de la mente silenciosa. Krishnamurti lo expresaba del siguiente modo:

> Negamos ese espacio cuando pensamos en nosotros mismos. Es tan sencillo, porque cuando hay espacio, amplio espacio psicológico, hay una gran vitalidad, enorme energía. Pero cuando ese espacio se limita a nuestro pequeño «yo», esa enorme energía queda totalmente retenida en esa limitación.[9]

Cuando conseguimos acallar ese pequeño yo, se agranda el espacio interior:

---

9.   Krishnamurti, *La percepción inteligente: más allá del pensamiento*, Obelisco, Barcelona, 2014. Cita tomada del excelente trabajo de final del Máster de Espiritualidad Transcultural de la Fundació Vidal i Barraquer (2018) de Emilio Molina Cordero, *La epistemología participativa en J. Ferrer y J. Krishnamurti*, pág. 56.

El silencio, en el sentido profundo de la palabra, abre la puerta, porque uno ha reunido toda su energía, no se malgasta nada, no hay pérdida de energía en absoluto. Por tanto, en ese silencio se reúne la energía. No una energía estimulada, autoproyectada, etc. –todo esto es demasiado infantil–, debido a que no hay conflicto ni control, ni hay que alcanzar algo o no alcanzarlo. […] Por consiguiente, hay una tremenda energía. Toda esa energía que se malgastaba se encuentra ahora en ese silencio. Ese silencio se vuelve sagrado. Pero no es lo sagrado inventado por el pensamiento. […] Solo una mente sagrada puede ver lo más supremo y sagrado, la esencia de todo aquello que es sagrado, que es bello.[10]

Cuanto más silencio, más profundidad y amplitud. Lo que nos parecía estrecho y nos ahogaba se libera. Se abre un nuevo paisaje allí mismo donde estábamos confinados y donde creíamos que ya no nos quedaba más por vivir ni por descubrir. De este modo brota la percepción de que todo está colmado de Presencia. Para ello debemos atender a nuestra autopresencia. Tal es el secreto de los amantes del Silencio.

El potencial libertador del silencio

El silencio no encierra. Abre. El itinerario de Thomas Merton es un ejemplo de cómo la atracción por la contempla-

---

10.   Krishnamurti. *Lo sagrado*. https://www.youtube.com/watch?v=W1WvzlPNGqA2012e.

ción y por el silencio puede avanzar junto con la apertura al mundo. Como monje trapense, Merton se fue haciendo cada vez más lúcido y libre respecto a la época que le tocó vivir. Retirado en una ermita en el recinto del monasterio de Getsemaní (en Kentucky), crecía su compromiso social y planetario, llegando a convertirse en una de las voces más incómodas del movimiento pacifista contra la guerra del Vietnam y también siendo precursor del diálogo interreligioso. El siguiente poema suyo expresa cómo el silencio posibilita la capacidad de escucha y cómo un simple muro de piedras se convierte en umbral hacia lo invisible e inaudible:

Aguarda.
Escucha las piedras del muro.
Permanece en silencio, están tratando
de decir tu nombre.

Escucha
a las paredes vivientes.

[...]

Aguarda, mientras
sigues vivo
y todas las cosas viven
alrededor de ti
hablando (yo no escucho)

hacia tu ser más propio,
hablando por lo desconocido
que está en ti y en ellas mismas.

«Trataré, como ellas,
de ser mi propio silencio.
Es difícil. El mundo entero está
secretamente en llamas.
Las piedras queman,
aún las piedras queman.
¿Cómo puede un hombre aguardar
o escuchar a las cosas quemándose?
¿Cómo puede atreverse a sentarse junto a ellas
cuando todo su silencio está en llamas?»[11]

La revelación procede de las cosas mismas, de las piedras
de un sencillo muro en este caso. En ellas se refleja nuestra
esencia –«Permanece en silencio, están tratando de decir tu
nombre»–, porque, al escuchar, podemos reconocernos al

---

11. Be still / Listen to the stones of the wall. / Be silent, they try / to speak your / name. // Listen / to the living walls. […] // O be still, while / you are still alive, / and all / things live around you // speaking (I do not hear) / to your own being, / speaking by the unknown / that is in you and in themselves. // «I will try, like them / to be my own silence: / and this is difficult. The whole / world is secretly on fire. The stones / burn, even the stones they burn me. / How can a man be still or / listen to all things burning? / How can he dare to sit with them / when all their silence is on fire?». En: Thomas Merton, *Oh, corazón ardiente. Poemas de amor y de disidencia* (edición y traducción de Sonia Petisco), Editorial Trotta, Madrid, 2016.

sentir que *somos* a través de ellas. A nuestra mente le cuesta mucho acallarse porque estamos llenos de expectativas y de suposiciones; en cambio, las cosas se bastan a sí mismas. No hay nada que superponer. De ellas brota toda la hondura que está inscrita en su forma y en su materia. Las piedras queman por la profundidad que abren simplemente al mostrarse. Que esa profundidad no esté oculta, que reverbere en su superficie, eso es lo que quema. Para eso hay que silenciarse. Entonces se ve que el mundo también arde y que está esperando que alguien atienda su llamada.

¿No es eso lo que le sucedió a Moisés ante la zarza ardiente?[12] En verdad, todo el desierto ardía, porque su corazón se silenció. Se hallaba agitado hasta entonces, ante la angustia de un pasado del que había huido y ante la incertidumbre de su futuro, ahora que se había convertido en un pastor beduino. De pronto su corazón se calmó, se acalló. Entonces habló la zarza, y la arena, y las piedras, la cueva y la cima, el oasis, los camellos, las cabras y las ovejas que pacían junto a él. Todo habló a través de aquella zarza que ardía, como ardieron para Thomas Merton las piedras de ese muro, hasta tal punto de convertir su ermita una atalaya sobre el mundo.

El silencio no elige lo que escucha, sino que es lo que permite oír sin elegir ni preferir. A Moisés se le dijo que vol-

---

12.   Cf. Ex 3, 1-5.

viera con su gente y que los liberara de la tiranía del faraón. El silencio no separa, une. Junto con su pueblo, volverá de nuevo ante la zarza ardiente para seguir escuchando y comprendiendo. El silencio le devolvió al lugar del que se escapaba, con una lucidez y vigor renovados. Tal es su fuerza transformadora. Capacita para abrazar la realidad desde una hondura y amplitud nuevas. Moisés atravesó un umbral en el mismo lugar que estaba, sin moverse, y precisamente porque no se movió. Supo detener el barullo de su mente y el silencio encendió una llama que se convirtió en llamada. Preguntó de dónde procedía esa Voz. Se le dijo: «Soy el Dios de Abraham, Isaac y de Jacob». Pero no tuvo suficiente. No le bastó con identificar al dios de su tribu. Necesitaba algo más. Volvió a escuchar más, hasta que oyó: «Yo Soy el que Soy» (Ex 3, 14), «Yo Soy el que te hace ser y el que posibilita que todas las cosas sean». Ese es el Ser que se le reveló a Moisés en el silencio del desierto. Esa revelación le reveló también a sí mismo y le dio la fuerza que requería afrontar la misión que se le confiaba y transmitir a su gente que solo podrían liberarse si también ellos alcanzaban la consciencia de Ser.

El pueblo esclavizado podrá escuchar ese «Yo Soy» si se acalla, si es capaz de detenerse tras una jornada agotadora fabricando ladrillos con arcilla y paja. Si en medio de ese ruido, de esos gritos, de ese cansancio, son capaces de hacer silencio e identificar el poder que los esclaviza y encontrar la fuerza para liberarse de él, en silencio y con diligencia se escaparán por la noche de las garras del tirano. En silencio y gracias a las palabras libertadoras de Moisés que supo escuchar cuando le habló el desierto.

Las palabras no son ruido, sino articulaciones de sentido que necesitan ser interpretadas correctamente. No ensalzamos el mutismo, que es la usurpación de la palabra. Ni justificamos un silencio que sería cómplice de la cobardía y de la muerte. El silencio del que hablamos no se escapa del *Aquí*, sino que lo abre mostrando sus inagotables e inalcanzables posibilidades. Es la puerta que permite descubrirnos de otro modo y comenzar a percibirnos libres, amplios y profundos. Identifica la verdad cautiva y alza las compuertas de los significados ocultos en cada *ahora*.

La escucha sagrada

El silencio capaz de percibir la esencia sagrada de las cosas también permite percibir la profundidad de las personas. Posibilita un estado de receptividad tanto hacia adentro como hacia afuera, tanto hacia las cosas como hacia las personas. Todo encuentro entre humanos está llamado a convertirse en una teofanía. También nuestras reuniones, tan continuas y abundantes. Estamos llamados a escuchar conjuntamente. En una reunión, sea del tipo que sea, cambia totalmente la calidad de la escucha si comenzamos silenciándonos y si tras cada intervención se hace una pausa, de modo que nadie hable sin antes haber verdaderamente escuchado, sin antes habernos dejado fecundar por la palabra del que nos precede. Así puede distinguirse cuándo una intervención brota de ese silencio y cuándo del ruido de nuestros egos. El compartir que nace del silencio es manso y amplio, y también valiente porque no se defiende a sí mismo, sino que se ofrece a los demás como un vislumbre posible del asunto que se está tratando. Cuando es así, todos nos reconocemos en esa Palabra. Esa claridad viene a través de uno, pero no le pertenece. En cambio, el hablar que no surge de esa escucha tiene un sabor privado, metálico y previsible. Se parece demasiado a la persona que lo emite. Y enseguida cansa, porque no da. Exige. En cambio, la Palabra que nace de ese silencio que ha depurado su ruido, refresca y reverdece. Palabra y Silencio no se contraponen, sino que se estimulan mutuamente para hacerse más profundos, más verdaderos, más libres. El ruido no procede de la palabra, sino del roce con el ego.

Este modo de encontrarse requiere tiempo, pero el tiempo que se le da no cansa, sino que vigoriza. Toda reunión debería nutrirnos, no agotarnos. Nos cansa si lo hacemos desde la competitividad y desde la mente. Nos nutre y nos refresca si lo hacemos desde ese otro *Lugar*. Se requiere de comunidades que se encuentren de este modo y que por este modo de encontrarse no solo velen por sí mismas, sino que también velen por la humanidad. Así lo percibió Rumi:

¿Qué nombre le podremos dar
a este nuevo tipo de puesto de observación
que se ha abierto en nuestra ciudad,
donde la gente se sienta en silencio
a verter su mirada a modo de luz,
a modo de respuesta? [13]

La luz y la respuesta siempre están a la espera, pero tenemos una increíble capacidad de convertir en preguntas las respuestas. Solo se requiere esa capacidad de escucha que da espacio a la palabra del otro y del Otro. En esa escucha sagrada brotan claridades y una mayor comunión entre quienes las comparten.

* * *

Callar para decirse,
    para dejar que sea pronunciado
        lo que solo puede balbucirse
            y únicamente puede oírse
                en los pliegues del silencio.

Ese otro Lenguaje
    que transforma los ruidos
        en sonidos
            y los sonidos
                en mensajes.

---

13.   Coleman Barks, *op. cit.*, pág. 179.

¿Quién los atenderá?

¿Quién los descifrará
   si estamos aturdidos
      por nuestros propios rugidos?

El Silencio es un lienzo
   que nos aguarda
      con trazos invisibles.

Solo se muestran
   cuando descalzamos nuestra mente
      y alcanzamos a escuchar el roce de nuestros pies
        besando su blanca nieve.

Sobre la arena de nuestros desiertos más vírgenes
   se gesta el significado
      del rastro que dejan
        las huellas más sutiles.

El Silencio preserva
   el secreto
      de lo que desvela

mientras cada momento aguarda
   la revelación
      que lo libera.

3. De la dispersión a la atención

La atención es el camino hacia el Nirvana;
la distracción es el sendero hacia la muerte.
Los que están atentos no mueren;
los distraídos es como si ya hubieran muerto.

DHAMMAPADA

Somos existencia distraída. Así es dicho varias veces en el Corán, donde se nos considera seres precipitados: «El ser humano ha sido creado como un ser agitado, siempre con prisas» (Corán 21, 37); «ha sido creado con inquietudes, con muchos temores y poca paciencia; con mucha ansiedad cuando le circunda la adversidad» (Corán 70, 19-20). Todavía insiste: «Os gusta ir deprisa, superficialmente» (Corán 75, 20). La Voz advertía al mismo Muhammad que no se atolondrara, que no corriera recitando el Corán, queriendo transmitir aceleradamente lo que se le había dicho durante su retiro en las cuevas de Hira: «Cuando recites el Corán, no muevas agitadamente la lengua para ir con prisas transmitiendo este texto sagrado. Yo [la Voz] soy el responsable

de ir agrupando sus partes y de ir recitando sus versículos»
(Corán 75, 16-17).

Habitar en el desierto como Muhammad y su gente no
fue garantía de atención, ni lo fue vivir en otras épocas
aparentemente más calmadas que la nuestra. El ser humano
ha estado siempre expuesto a la agitación. Esta inquietud
y dispersión provienen de nuestra falta de arraigo interior.
Todas las tradiciones espirituales tratan de serenarnos y
centrarnos en lo Esencial. En el budismo Theravada, *sati*[1] es
el término pali que se utiliza para referirse a la disposición
atenta y receptiva a cada momento. Ha sido traducido en
inglés como *mindfulness* y en castellano como «consciencia
plena» o «atención plena», y cada vez más forma parte del
vocabulario común, aunque con el peligro de devaluarse
y convertirse en un objeto de consumo de nuestra Aldea
global. Se trata de una facultad espiritual y psicológica (*in-
driya*) muy exigente que constituye una parte esencial de la
práctica budista. *Satipatthana* sería propiamente el método
de la atención establecido por el Buda. En las descripcio-
nes del *satipatthana*, dos son las expresiones que se repiten
constantemente: *sati* (atención plena) y *sampajañña* (comprensión clara). Es uno de los siete factores para alcanzar
la iluminación. Los otros seis son: la indagación (*dhamma
vicaya*); la energía (*viriá*); la alegría (*piti*); la tranquilidad

---

1.   *Smṛti* en sánscrito.

(*passaddhi*); la concentración (*samādhi*) y la ecuanimidad (*upekkha*). Estamos ante una constelación de actitudes y disposiciones que muestran la complejidad y la riqueza del camino. A su vez, la conciencia o meditación correcta[2] es el séptimo elemento del Noble Óctuple Sendero, una práctica que engendra *vipassana* («comprensión correcta») y *prajña* («sabiduría»).

Pasos de la atención

Siddharta Gautama el Buda fue una persona eminentemente práctica y nada especulativa. Tanto él como las primeras generaciones de monjes se dieron cuenta de que para alcanzar el despertar la cuestión era cómo sostenerse prolongadamente en una atención consciente, porque el camino hacia la iluminación es modesto y se avanza paso a paso. Uno de los textos más antiguos es el *Sutra de la atención*, donde se propone un método y una práctica muy concretas. Vamos a acercarnos a él porque está en la base de todos las prácticas meditativas budistas posteriores. El recorrido comienza por la toma de conciencia de lo más denso y tangible para proseguir hacia lo más sutil. El primer paso es la percepción de la respiración, la función más básica y necesaria para la vida:

---

2.   En pali: *Samma-sati*; en sánscrito: *samyak-smṛti*, literalmente, «memoria».

¿Cómo vive un monje contemplando el cuerpo en el cuerpo? […]. Atento inspira y atento espira. Al hacer una inspiración larga sabe: «Hago una inspiración larga». Al hacer una inspiración corta sabe: «Hago una inspiración corta». Al hacer una espiración larga sabe: «Hago una espiración larga». Al hacer una espiración corta sabe: «Hago una espiración corta» […].[3]

Este *saber* al que se refiere el *sutra* no es un conocimiento mental, sino integral, que está conectado con el ritmo de lo viviente: recibir y entregar, tomar y soltar. Es un saber al que solo se accede presencializándose uno mismo en el presente. Se desvanece con la anticipación o con el retraso. Su llama y su combustible solo existen en el *ahora* de cada instante. Es inasible y a la vez es completo. La atención de la respiración es el punto de partida de toda meditación porque es la que nos arraiga en el presente. Asentado este paso, a continuación la atención se dirige a las posiciones básicas del cuerpo:

Cuando un monje camina, sabe: «Estoy caminando»; cuando permanece de pie, sabe: «Estoy de pie»; cuando está sentado, sabe: «Estoy sentado»; cuando se tumba, sabe: «Estoy tumbado»; y también tiene conciencia de cualquier otra posición del cuerpo.[4]

---

3.   *Sutra de la atención*, Editorial Edaf, Madrid, 1993, pág. 28.
4.   *Ibidem*, págs. 29-30.

El siguiente paso, todavía aplicado al cuerpo físico, propone llevar la atención a los movimientos espontáneos y a las acciones cotidianas que realizamos:

> Un monje aplica la clara comprensión (*sati, mindfulness*) al avanzar y al retroceder, al mirar hacia delante y al mirar alrededor, aplica la clara comprensión; al extender y encoger los miembros, aplica la clara comprensión; al ponerse la ropa y llevar el cuenco de limosnas, aplica la clara comprensión; al comer, al beber, masticar y saborear, aplica la clara comprensión; al andar, permanecer de pie, sentarse, dormirse, al despertar, al hablar y al callar, aplica la clara comprensión. Así vive contemplando el cuerpo en el cuerpo.[5]

Esta *clara comprensión* está hecha de atención y percepción al mismo tiempo, de modo que toda la persona está presente en lo que le está sucediendo. En el paso siguiente se adentra en un ámbito más sutil, que consiste en percibir las sensaciones internas corporales:

> ¿Cómo vive un monje contemplando las sensaciones en las sensaciones? Un monje, al experimentar una sensación agradable sabe: «Experimento una sensación agradable»; cuando experimenta una sensación dolorosa, sabe: «Experimento una sensación

---

5.   *Ibidem*, pág. 30.

dolorosa». Cuando experimenta una sensación ni agradable ni dolorosa sabe: «Experimento una sensación que no es agradable ni dolorosa» […].[6]

El ejercicio siguiente consiste en llevar la atención a los estados de consciencia que tienen que ver más con resonancias psíquicas, sin que por ello dejen de ser también corporales:

> Oh, monjes, ¿cómo vive un monje contemplando la conciencia en la conciencia? Monjes, he aquí que un monje, cuando hay pasión en la conciencia, sabe que hay pasión, y cuando no hay pasión en la conciencia, sabe que no la hay; cuando hay odio en la conciencia, sabe que hay odio, y cuando no hay odio en la conciencia, sabe que no lo hay; cuando hay ignorancia en la conciencia, sabe que hay ignorancia, y cuando no hay inconciencia, sabe que no la hay; cuando la conciencia está disminuida, sabe que está disminuida; cuando la conciencia está distraída, sabe que está distraída; cuando la conciencia está desarrollada, sabe que está desarrollada, etc.[7]

Finalmente la atención se lleva a los objetos mentales que surgen en la mente. Esta es la práctica más difícil porque consiste en aplicar la mente a la misma mente sin alimentar sus distracciones. Al contrario, cuando la mente se convierte

6. *Ibidem,* págs. 35-36.
7. *Ibidem,* pág. 37.

en el centro de la observación y no sus pensamientos, los pensamientos cesan porque se detienen en su fuente. El recorrido ha comenzado por la respiración hasta llegar a la consciencia de la consciencia y de los flujos mentales, lo cual implica todo un proceso de asunción de la integridad de las diferentes dimensiones que nos constituyen. La cadencia del texto no es ajena a su contenido, sino que le es concomitante. Forma y contenido confluyen. El *sutra* está escrito por alguien que tiene experiencia de que lo está escribiendo. «Oh, monje», va repitiendo el texto. El término pali es *bhikkhu*, «mendicante», es decir, el que convierte la pobreza en un estado de receptividad y apertura permanentes. Retomamos la palabra *monje* no en su sentido institucional, sino existencial. En castellano proviene del griego *mónachos,* lo cual arroja todavía más luz: *mónos*, «uno», «único», el que está unificado en lo Único que es el Uno. Estamos ante una figura arquetípica que se caracteriza por el hecho de que uno mismo se convierte en el campo de autoconocimiento:

> Los científicos experimentan con las cosas, los filósofos con las ideas, los artistas con las formas, el monje consigo mismo.[8]

Raimon Panikkar escribía esto hace dos décadas con el convencimiento de que «nos encontramos en un momento cru-

---

8.   Raimon Panikkar, *Benaurada senzillesa*, Edicions 62, Barcelona, 2000, pág. 10. Recogido en *Obras completas,* I. 2, Editorial Herder, Barcelona, 2015, pág. 209.

cial de la humanidad que requiere un   de la
cultura dominante».[9] Habló de la ne   ur   ⌐nacato
existencial. Seguimos a la espera de encon rar .nas formas
de vida que sean significativas para hoy. Este cambio con-
tinúa pendiente y cuanto más se retrase, más urgente será.

La vigilancia

En la tradición cristiana de los Padres del Desierto, la atención consciente se corresponde a la *nepsis*, «vigilancia».
La fuente de inspiración se encuentra en la parábola de las
vírgenes prudentes del Evangelio (cf. Mt 25, 1-13), las cuales tenían las lámparas preparadas con aceite para cuando
llegara el esposo. En contraposición a ellas, las vírgenes
necias o negligentes se habían descuidado de reponerlo y
les pidieron a las primeras que les dieran un poco del que
tenían. Estas les respondieron que fueran a proveerse de más
porque, si no, faltaría para todas. Choca la aparente dureza
o insolidaridad de las que disponen de aceite con las que
no lo tienen. Precisamente esta es la clave de la parábola:
subrayar el hecho de que nadie puede sustituir a otro en su
trabajo de atención, de estar presente al momento presente.
Cada cual es custodio de su propia lámpara, de su propia
vida. Cada cual es responsable de su presente para poder

9.   En *Benaurada senzillesa*, pág. 10; *Ibid.*, pág. 209.

recibir al Esposo que llega a cada momento. El Esposo es lo real, porque el Creador y la creación son inseparables. El Creador danza en su creación, que es la realidad que habitamos, la realidad que somos. Si estamos distraídos de lo que vivimos, estamos también ausentes para el Esposo que danza en nosotros y en todo. No podemos delegar a nadie esta atención porque nadie puede reemplazar nuestra existencia. Los Padres del Desierto lo sabían, así como también toda la tradición orante de la Iglesia de Oriente, cuyo legado está recogido en una extensa antología llamada *Filocalia de los Padres Népticos*,[10] de los Padres «Vigilantes», precisamente, poniendo en el mismo título de la obra lo que los recopiladores creyeron como más esencial o definitorio. A lo largo de más de mil quinientas páginas y de más de cuarenta autores, la vigilancia va apareciendo simultáneamente como una práctica y como una virtud. Así lo expresaba Hesiquio de Batos en el siglo v, eremita en el desierto de Judea:

> La vigilancia es un método espiritual que, mantenido con perseverancia y ardor con la ayuda de Dios, libera totalmente al ser humano tanto de sus pensamientos y palabras llenos de pasión como de las acciones perniciosas que se derivan.[11]

---

10. Existe una traducción completa en castellano en cuatro volúmenes de la Editorial Lumen (Buenos Aires). Actualmente se está editando en una traducción directa del griego por la Editorial Monte Casino (Zamora), a cargo del monje cisterciense Juan María de la Torre.

11. *Filocalia de los Padres Népticos*, vol. I, Monte Casino, Zamora, 2016, 1, págs. 344-345.

Y prosigue:

> La continuidad engendra la costumbre y esta otorga a la vigilancia cierta densidad natural.[12]

Los practicantes de cualquier vía saben que los ejercicios crean hábitos y que los hábitos crean estados. Y ello requiere una gran perseverancia. Hesiquio asocia la vigilancia a la pureza de corazón y sorprendentemente hace el siguiente comentario: «Es una pureza que raramente se encuentra hoy en día por culpa de nuestra negligencia».[13] Parece que sea propio del ser humano idealizar y tener nostalgia del pasado. Siglos más tarde escribía Filoteo, monje del Sinaí (siglos IX-X):

> La sobria vigilancia ilumina y purifica de entrada a la conciencia. Después, cuando la conciencia ha sido purificada, expulsa las grandes tinieblas como una luz oculta que estallara de repente. Y cuando las tinieblas han sido eliminadas, gracias a una continua y auténtica vigilancia, se revela la conciencia a un nivel más profundo que hasta entonces permanecía oculto.[14]

Juan Clímaco, también monje del Sinaí, en su *Escala del Paraíso,* hace mención continua de la vigilancia y de la guarda

---

12. *Ibidem*, 7, págs. 346-347.
13. *Ibidem*, 1, pág. 345.
14. *Ibidem*, vol. II, 24, pág. 512,

del corazón: «Velad sobre vosotros mismos», va repitiendo frecuentemente, experimentado como estaba ante los desfallecimientos, distracciones y regresiones.[15] Con todo, la *nepsis* no es exactamente lo mismo que la *sati* budista. La vigilancia de los Padres del Desierto tiene que ver más con la atención a los pensamientos y a las actitudes con una clave moral, mientras que la *sati* budista está dirigida a la percepción de las sensaciones y de los estados corporales. En la *nepsis* hay una intención de modificar y de dirigir mientras que en la *sati* hay solo una constatación que, por el hecho de hacerse consciente, produce por sí misma una modificación. Sin embargo, ambas aproximaciones se complementan y ambas coinciden en lo fundamental: el hecho de llevar la consciencia a un lugar inauténtico de nosotros mismos hace que se ilumine y se libere. Ello implica caer en la cuenta de que la consciencia tiene un elemento inmanente y trascedente. Inmanente porque avanza a tientas, paso a paso, desde «abajo», desde lo parcial y relativo, pero trascendente en cuanto que tiene la capacidad intrínseca de disipar las tinieblas por el mero hecho de identificarlas con una luz que procede de «arriba», desde lo incondicionado y absoluto.

Del mismo modo que distinguimos entre vigilancia y atención, también hay que hacerlo entre atención y con-

15.   *L'Échelle Sainte*, Abbaye de Bellefontaine, 1987, 2: 12-13; 4: 17, 40, 86, 89-90, 101, 115; 8: 21; 14: 26; 26: 15; 27: 39, 86; 26: 61-62, 117; 27: 23-24; 28: 19, 21, 34, 54.

centración, dos términos que se confunden frecuentemente. Krishamurti hace la siguiente aclaración:

> En el cultivo de la mente, nuestro acento no debe estar puesto en la concentración, sino en la atención. La concentración es un proceso de forzar la mente, restringiéndola a un punto, mientras que la atención carece de fronteras. [...] Es un estado en el que la mente está siempre aprendiendo, sin un centro alrededor del cual el conocimiento se acumule como experiencia. [...] Es la atención la que permite que el silencio dé con la mente, lo cual abre la puerta a la creación.[16]

La concentración es un ejercicio de la mente sobre un objeto, forzándose a eliminar todo lo que no entra en su campo de observación –*mirada flecha* es llamada en el zen– mientras que la atención se abre y se dispone a acoger, y se convierte en *mirada copa*, plena receptividad.

En algunas comunidades monásticas budistas se propone una práctica muy sencilla y a la vez muy eficaz: detenerse cada hora al son de un gong. Esta pausa, sea lo que sea que se esté haciendo, permite descubrir la sacralidad de cada gesto, de cada instrumento o herramienta que en ese momento se tenga en las manos: el hacha con la que se está cortando la leña, el pincel con el que se está barnizando una

---

16.   Jiddu Krishnamurti, *El arte de vivir*, Editorial Kairós, Barcelona, 2015.

puerta, la cebolla que se está pelando en la cocina, la fregona con la que se está limpiando el suelo. Lo más cotidiano o rutinario se transfigura en *otra cosa* a través de esa misma cosa. Si este gong suena en medio de la comida, transforma la mesa en un banquete: los platos salpicados por los colores de la comida, los cubiertos mansamente depositados sobre la mesa o en las manos, el pan más cotidiano, el agua transparente en el vaso o en la jarra, etc., se transfiguran ante los ojos al no darlo por supuesto, al recibirlo por primera vez. Todo eso está ahí, pero no lo *vemos* hasta que nos detenemos. Tampoco es inmediato *verlo* si esa parada se convierte en algo rutinario, aunque todavía es más difícil verlo si ni siquiera se propone la pausa.

La receptividad admirativa

Existe un modo de mirar que devuelve sacralidad a las cosas, a las que se la hemos arrebatado tantas veces con nuestra avidez o nuestra distracción. Dice Henry D. Thoreau:

> Si nos hemos profanado a nosotros mismos –¿y quién no?–, el remedio será la cautela y la devoción para volver a consagrarnos y convertir de nuevo nuestras mentes en santuarios.[17]

---

17.   H.D. Thoreau, «Una vida sin principios», en: *Desobediencia civil y otros escritos*, Alianza Editorial, Madrid, 2018, pág. 74.

«Convertir nuestras mentes en santuarios» es una espléndida manera de expresar lo que nos sucede cuando llegamos a la cualidad de esa atención. La mirada serena y reverente se posa de tal modo sobre las cosas que convierte en sagrado lo que ve. Por eso el mismo Thoreau escribía este verso:

> Decidle a Shakespeare que tiene una hora libre
> porque estoy ocupado en esta gota de rocío.[18]

Absorto ante el diamante que tenía ante él, dejó que se retiraran las palabras escritas por otro, por muy bellas que fueran, para dejar paso a lo que en el aquel momento se ofrecía ante sus ojos. A eso mismo se refería Rumi:

> Déjate atraer en silencio
> por la influencia superior
> de lo que realmente amas.[19]

La atención es también atracción, y la atracción se convierte en participación. De nuevo Henry D. Thoreau:

> Cada nota más melodiosa que oigo
> me hace este reproche:

18.   H.D. Thoreau, *Poemas, op. cit.,* pág. 101.
19.   Coleman Barks, *op. cit.,* pág. 75.

que yo solo pongo el oído
y quisiera ser la música.[20]

¿De qué hondura surgió este anhelo que es capaz de atravesar todos los lugares y todos los tiempos? ¿De qué atención y sensibilidad tan puras brotaron estas palabras que hace que todos podamos reconocernos? Pavorosamente abierto y atento, Thoreau no se permite una escucha autocomplaciente en la que se quedara capturado por su ego, sino que se exige a sí mismo devenir no solo el receptáculo, sino el contenido y la fuente de lo que le adviene. No como una apropiación, sino con una total comunión donde uno es desposeído. Esta identificación no es solo con lo grato, sino también con lo ingrato de nosotros mismos. No debemos huir de lo que nos duele, sino ser capaces de ir a su encuentro. Dice Krishnamurti:

> Cuando existe sufrimiento [...] es preciso mirarlo sin el observador; porque uno mismo es ese sufrimiento. No estamos separados del sufrimiento y por ello uno ha de permanecer totalmente con él. Y entonces, si hemos llegado hasta ahí, si estamos dispuestos a observar con muchísima atención, advertiremos que sucede algo por completo diferente: una mutación. De ese sufrimiento surge una pasión extraordinaria. Si lo han hecho, si lo han puesto a prueba, lo sentirán. No es la pasión de una creencia, la pasión

20.   Henry David Thoreau, *Poemas, op. cit.,* pág. 91.

por alguna causa, por alguna conclusión insensata. Esta pasión es totalmente diferente de la pasión del deseo, pertenece a una clase de energía completamente distinta; no es el movimiento mecánico del pensamiento.[21]

De un modo muy semejante Eckhart Tolle habla de hacerse consciente del *cuerpo de dolor*:

> Cuando no hay escapatoria existe un camino: atravesar el dolor. Por tanto, no te alejes de él. Afróntalo. Siéntelo plenamente. Siéntelo, ¡no pienses en él! [...]. Concede toda la atención a lo que sientes y evita etiquetarlo mentalmente. Al entrar en el sentimiento mantente intensamente alerta. [...] Obsérvalo sin hacer nada [...] presente con todo tu ser, con cada célula de tu cuerpo. Al hacerlo estás llevando una luz a esa oscuridad: esa es la llama de tu conciencia.[22]

Ciertamente que no es fácil sostenerse en ello, pero donde está el muro también está la brecha que permite atravesarlo, observándolo.

---

21. *Verdad y realidad*, Editorial Kairós, Barcelona, 2003, pág. 175.
22. *El poder del ahora*, Gaia Ediciones, Madrid, 1997, págs. 213-214.

El testigo o la consciencia de sí

La atención plena no se trata solo de una percepción determinada que expande la cualidad del presente, ni de una absorción en lo que se contempla, sino que también implica la autoconciencia de lo que se está percibiendo o contemplando. Comporta lo que es llamado en algunas tradiciones la aparición del testigo. Nisargadatta explica así esta retracción:

> Existe la conciencia atestiguada y la conciencia que es testigo. La primera es la persona y la segunda es el observador. Cuando los ve como uno, y va más allá, está usted en el estado supremo. No es perceptible, pues es lo que hace posible la percepción. Está más allá del ser y del no ser. No es el espejo ni la imagen reflejada en el espejo. Es lo que Es, la realidad intemporal, increíblemente dura y sólida.[23]

Regresar a este Lugar original y oculto a la vez, disponible en el reverso de aquí mismo, se consigue con una atención constante y humilde. Allí –es decir, *Aquí*– todo es Uno sin que cada cosa deje de ser ella misma, pero no de una forma dispersa. De un modo conciso y casi insuperable dice Lao-Tse:

---

23.   Nisargadatta, *Yo soy Eso, op. cit.,* pág. 68.

Ante la agitación hormigueante de los seres,
no contemples más que su regreso.[24]

La atención permite atender cada situación y cada objeto desde la consciencia de sí, de modo que lo exterior y lo interior se conjugan a la vez haciendo desaparecer la agitación. Cuando la atención del objeto contiene al mismo tiempo la atención de uno mismo, nos hallamos ante una forma de consciencia superior que está más allá de la mente. Se trata de la condición del testigo. De este modo cada ser regresa a su lugar original: el Fondo del que brota y del que la mente que observa también proviene.

Esto mismo es lo que proponía Gurdjieff con su Cuarto Camino, un método que integra otros tres precedentes: la vía del faquir, centrada en el trabajo sobre el domino del cuerpo; la del monje, centrada en la vía del corazón, y la del yogui, centrada en el domino de la mente. El Cuarto Camino conjugaría los tres anteriores mediante la consciencia de sí. Jeanne de Salzmann, una de sus discípulas directas, explica cómo comenzar a hacer este camino:

Tengo que aprender a *ver*. Esa es la primera iniciación del conocimiento de sí. El mayor obstáculo para una vida nueva es la apreciación que tengo de mí mismo. La primera exigencia para un trabajo en dirección de la conciencia de sí es ver algo de mí

24. Lao-Tse, *op. cit.*, XVI.

mismo que antes no había visto […]. Trato de verme tal como soy en el estado de identificación; trato de experimentarme como soy cuando estoy identificado con algo. Necesito conocer la enorme dimensión de fuerza que está detrás de la identificación y de su movimiento irresistible.[25]

Nuestro yo se agota sosteniendo al yo. Se trata de liberar esta energía observándonos desde *otro* lugar. Es otro modo respecto de la indagación mental-voluntarista con que solemos hacerlo. «Lo que soy en ese momento, dirigido por mi ego, no me permite conocer la esencia misma de mi Ser».[26] Hay que observar de otra manera y desde otro lugar:

De ordinario, cuando observo, hay un centro desde donde se realiza la observación y mi mente proyecta la idea de observar. Pero lo idea no es la observación; ver no es la idea, el acto de ver es una experiencia. Yo no fijo mi mente sobre un objeto. El objeto soy yo, viviente, un ser que necesita ser reconocido para vivir. No es un punto fijo que mira a otro. Es un acto total, una experiencia que solo se puede realizar cuando no hay separación entre el que ve y lo que es visto.[27]

25. Jeanne de Salzmann, *La realidad del Ser*, Gaya, Madrid, 2014, pág. 45.
26. *Ibidem*, pág. 80.
27. *Ibidem*, págs. 53-54.

Hay que lograr conjuntar los tres centros que nos constituyen: el cuerpo (sensaciones), el corazón (sentimientos) y la mente (pensamientos) y situarse en una Anterioridad que abarque a los tres. El «Yo soy» del testigo no se separa de lo que ve. El que se separa es todavía el ego, el yo individualizado temeroso y capturador. Aquí no hay nada que capturar ni eludir. Se trata solo de percibir, es decir, de recibir. Hay que estar atentos tanto al movimiento hacia afuera, hacia la vida del entorno, como hacia dentro, hacia la fuente, hacia nuestra naturaleza esencial. Se trata de ampliar el foco de atención: además de dirigirlo hacia los objetos externos, atendernos también a nosotros mismos. Solo cuando somos conscientes de que participamos en la percepción que tenemos, podemos percibir plenamente. Percibir significa acoger cuanto acontece alrededor de nosotros a través del receptáculo que somos. No se trata de un pensar o de un reflexionar sobre uno mismo, sino de observarse a sí mismo desde sí mismo. Pero este sí mismo no es el yo psicológico, sino el Yo Fontal.

El sí mismo más allá del testigo

Toda la tradición Advaita Vedanta está basada en el descubrimiento del Yo que está más allá del yo. La atención se convierte en una indagación sobre quién es el que observa, hacia Lo que hay más allá –y más acá– no solo del yo inmediato, sino también del testigo que lo observa:

Usted es la percepción pura que ilumina la consciencia y su contenido infinito. Capte esto y viva de acuerdo con ello. Si no me cree, diríjase a su interior y averigüe «¿qué soy yo?» o centre su mente en «yo soy», que es el ser puro y simple.[28]

Este «yo soy» de la tradición Advaita hindú tiene diferentes niveles y con frecuencia es mal entendido. El «Yo» de ese «soy» no es el yo mental o psicológico con el que nos identificamos, sino Algo anterior que se sitúa en el origen de lo que fragmentaria e individualizamente experimentamos como «yo». De este modo, la atención plena adquiere un matiz que se desplaza hacia la pregunta de «¿Quién soy yo?». Esta fue la enseñanza básica de Ramana Maharshi:

Mediante la indagación de «¿Quién soy yo?» el mero pensamiento en forma de pregunta destruirá todos los otros pensamientos, y tal como al final se quema el palo que se usa para atizar una pira funeral, así también finalmente se destruirá. Entonces surgirá la realización del Ser.[29]

El camino que había comenzado discretamente por la atención a las sensaciones corporales culmina en el abismamiento en la Anterioridad posibilitante de esa misma atención. Volveremos sobre ello en las páginas finales.

---

28. Nisargadatta, *Yo soy Eso*, *op. cit.*, pág. 55.
29. Ramana Maharshi, *¿Quién soy yo?*, Sri Ramanasramam, Tiruvanamalai, 2005, pág. 4.

Es posible atravesar cada vez este umbral porque está siempre disponible… cuando nosotros nos hacemos disponibles.

* * *

Fragmentos esparcidos sobre la orilla
esperan nuestra mirada
para ser recompuestos.

Fósiles dispersos
de un organismo en latencia
esperan alzarse
con nuestro reconocimiento.

Atender es dar vida
a lo que está descompuesto,
hacer del naufragio
nueva navegación.

Atender para posibilitar
que cada instante
sea un encuentro,
y un encontrarse,

acoger para que cada movimiento
sea acceso
al Exceso

y cada manifestación
sea convertida
en templo.

4. De la resistencia a la rendición

La rendición definitiva,
la comprensión total,
es súbita y sucede una vez.
Y esa vez es ahora.
Y ese ahora es eterno.

DAVID CARSE

Para atravesar el umbral que separa el aquí de Aquí, hay que dejar de defenderse, soltarse y entregarse. Solo cuando nos rendimos se produce la apertura. Este es el recorrido y el ritmo de la escucha: de la resistencia a la rendición y de la rendición a la revelación. Solo se abre el significado de las cosas cuando estamos disponibles, radicalmente abiertos.

El combate de la entrega

No llegamos a ello fácilmente. Antes hay que librar un combate, sostener una lucha, atravesar una agonía. Así lo describía el Maestro Eckhart a partir del enfrentamiento entre el fuego y la madera:

> Cuando el fuego consume la madera y la hace arder, la vuelve muy pequeña y desemejante consigo misma. Le quita todo lo que tiene de grosero y de frío, el peso y la humedad del agua, y la vuelve cada vez más semejante a su propia naturaleza de fuego. Pero ni la madera ni el fuego encuentran apaciguamiento, satisfacción ni reposo en ningún calor, pequeño o grande, ni en ninguna semejanza, hasta que el fuego no se haga uno con la madera y le comunique su propia naturaleza, su propia esencia, de tal forma que no haya más que un solo fuego, idéntico y sin ninguna diversidad ni ninguna distinción. Pero antes de llegar a eso, se produce siempre un furioso combate y una batalla, rugidos y luchas entre el fuego y la madera. Cuando toda diferencia ha sido destruida y borrada, el fuego se calma y la madera se calla.[1]

El acallarse de la madera tras el combate es la rendición que posibilita una nueva forma de relacionarse con todo, un modo nuevo de estar en el mundo. Se trata de cruzar ese linde que nos separa de la fragancia y del frescor que nos reserva la Vida en cada situación. La libertad que nace de la rendición permite abrirnos a lo inédito. Vivir desarmadamente implica vivir abiertamente. Todo comienza a hablar

---

1.   Maestro Eckhart, *El libro de la consolación divina*, en: *Tratados y sermones*, Las Cuarenta, Buenos Aires, 2013, pág. 196.

y a desvelarse. Se establece una nueva comunicación con las personas y las cosas. Cada encuentro está llamado a convertirse en teofanía.

Existe una multitud de testimonios que transmiten la fecundidad de este rendirse, así como de las resistencias que interponemos antes de lograrlo. El modo antiguo de referirse a ello es la conversión, *metanoia* en griego, «cambio de mente, de percepción, de comprensión». En la tradición cristiana, es arquetípica la caída del caballo de san Pablo, aunque no consta en los textos que montara sobre ningún caballo.[2] Pero la imagen es adecuada, porque el caballo simboliza la fuerza pertinaz de no detenerse, el instinto de seguir cabalgando. Solo cuando cae el jinete, el caballo se detiene. La interpretación del Maestro Eckhart de este episodio es tan deslumbrante como contundente:

«Saulo se levantó del suelo y, con los ojos abiertos, nada veía» (Hech 9, 8). Me parece que esta palabra tiene cuatro sentidos. Un sentido es este: cuando se levantó del suelo, con los ojos abiertos, nada veía y esa nada era Dios; puesto que, cuando ve a Dios, lo llama una nada. El segundo sentido es: al levantarse, allí no veía nada, sino a Dios. El tercero: en todas las cosas nada veía, sino a Dios. El cuarto: al ver a Dios, veía todas las cosas como una nada.[3]

---

2.   Cf. Hechos de los Apóstoles 9, 1-19; Primera Carta a los Corintios 15, 8-9.
3.   Maestro Eckhart, *El fruto de la nada*, Siruela, Madrid, 1998, pág. 87.

El sermón prosigue tan implacablemente como ha comenzado adentrándose en este cuádruple significado de la *nada*. Acaba diciendo: «Rogamos a Dios que podamos alcanzar aquel conocimiento que es absolutamente sin modo y sin medida».[4] Aceptar este «sin modo y sin medida» requiere dejar de controlar, apearse o caerse del caballo.

Tres testimonios contemporáneos

Podemos acercarnos más en el tiempo para poner ejemplos que ilustren lo que consiste esta rendición. Recogeré tres contemporáneos.

Eckhart Tolle

Con razón *El poder del ahora* se ha convertido en un clásico en vida del autor, el cual cambió su nombre de pila (originalmente Ulirch) por el de Eckhart –el místico dominico medieval– tras su transformación. También Tolle ha llegado a ser maestro por el modo cómo ha identificado la fuerza del *Presente*, así como los obstáculos que interfieren en ella. En las primeras páginas del libro explica la experiencia que es la clave de todo lo que vivió y comprendió después. Nos dice que hasta los treinta años había vivido «en un estado de

---

4.   *Ibidem*, pág. 93.

ansiedad casi constante, salpicado ocasionalmente por perío-
dos de depresión suicida».[5] Así de claras y sinceras son sus
palabras. Una noche, poco después de cumplir veintinueve
años, se despertó con una angustia y un pavor más intensos
que de ordinario. Llegó al límite de sus fuerzas sintiendo
un profundo deseo de aniquilación. No dejaba de repetirse:
«No puedo seguir viviendo conmigo». De pronto cayó en
la cuenta de que había dos yoes: el «yo» del «conmigo» y
el «yo» con el que ya no podía vivir. Y pensó: «Tal vez solo
uno de los dos es real». Y prosigue:

> Esta curiosa reflexión me dejó tan perplejo que mi mente se paró.
> Estaba plenamente consciente, pero no tenía más pensamientos.
> Entonces me sentí absorbido por lo que parecía ser un vórtice de
> energía. Era un movimiento lento que después de aceleró. Me sen-
> tí atrapado por un intenso miedo y mi cuerpo empezó a temblar.
> Escuché unas palabras: «No te resistas a nada», como si hubieran
> sido pronunciadas dentro de mi pecho. Podía sentirme absorbido
> dentro de un vacío. Daba la impresión de que el vacío estaba en
> mi interior más que fuera. De repente dejé de sentir miedo y me
> dejé caer en aquel vacío. No recuerdo qué sucedió a continuación.[6]

Se despertó al cabo de unas horas con la luz del alba y con
el trinar de un pájaro que se acercó a su ventana. Todo lo

5.   Eckhart Tolle, *op. cit*, pág. 25.
6.   *Ibidem*, pág. 26.

percibió diferente, con una viveza como jamás había experimentado. Todo estaba vivo ante él, suscitando su asombro y estremeciéndolo ante el milagro de la vida y de estar vivo. Esta apertura se prolongó durante unos cinco meses. Años más tarde comprendió lo que le había sucedido:

> La intensa presión del sufrimiento de aquella noche debía de haber obligado a mi conciencia a retirarse de su identificación con mi yo desgraciado y tremendamente temeroso, que en último término es una ficción mental. Dicha retirada debió de ser tan completa que mi falso yo sufriente se derrumbó inmediatamente, como si hubieran quitado el tapón de un muñeco hinchable. Lo que quedó es mi verdadera naturaleza, el Yo Soy siempre presente: conciencia en estado puro, anterior a la identificación con la forma.[7]

Sabemos todavía tan poco de nosotros mismos, de los estratos de esas zonas profundas a las que no tenemos acceso y que, sin embargo, forman parte de nosotros. Es como si pertenecieran a otros, pero son nuestras, son de ese *otro* de *nos-otros* al que no accedemos hasta que algo permite abrirlo. Este abrirse tras resistirse es la rendición, tanto más fecunda cuanto más recia haya sido la oposición, signo de que es mucho lo que puja por ser desvelado. No en vano el

---

7.   *Ibidem*, pág. 27.

último capítulo de su libro está dedicado al significado de la rendición así como a varios pasajes en los que habla de atravesar el dolor a través de la aceptación radical de ese mismo dolor, como ya hemos visto.

David Carse

El segundo testimonio procede de David Carse, del que sabemos muy poco. Únicamente lo que dice de sí mismo en su libro *Perfecta brillante quietud*.[8] De un modo breve y elusivo deja ir que es descendiente de nativos norteamericanos, que fue sacerdote católico y que se dedica a la carpintería.[9] La experiencia que relata la tuvo a los cuarenta y seis años en la selva del Ecuador, donde había ido con una expedición en busca de plantas medicinales entre el pueblo shuar. Tras unos primeros días donde todo iba bien, de pronto se fue sintiendo progresivamente atrapado por la jungla. Fue creciendo su pavor hasta llegar a una angustia y a un estado de pánico que le convencieron de que estaba en peligro de muerte. Ni las lluvias torrenciales ni el entorno salvaje le permitían separarse del resto de la expedición y volver atrás.

El temor era intenso, tanto física como mentalmente. La mente iba evocando sucesivos escenarios en los que yo moría en la jun-

8.   David Carse, *Perfecta brillante quietud*, Gaia, Madrid, 2006.
9.   *Ibidem*, pág. 32 y 35.

gla de diversas maneras, todas ellas desagradables. Quería correr, pero el único lugar al que podía huir era de regreso a mi choza y a mi sombría derrota. Así permanecí sentado, manteniendo la mirada fija en la jungla.[10]

En el límite de este acorralamiento, de un modo semejante a cómo le sucedió a Eckhart Tolle, brotó de él una reacción inesperada:

> En ese momento mi mente se aquietó, los escenarios cesaron y apareció un nuevo pensamiento completamente calmo en medio del pánico, que decía algo así: «Bien, si voy a morir (y sin duda voy a morir; si no aquí, en algún otro lugar; si no ahora, en cualquier otro momento), si ello es necesario, si eso es lo que se requiere, entonces este es un buen lugar para morir y este es un buen momento para ello».

En el instante en que dejó de resistirse cruzó un umbral y se encontró en otro estado:

> Tan pronto acaeció este pensamiento se aquietaron completamente el cuerpo como la mente, y me invadió una sensación como si alguien muy fuerte y cariñoso se hubiera situado a mi espalda y depositara sus manos sobre mis hombros [...]. Me dejé ir completamente, y me relajé con la conciencia de que, para este

10. *Ibidem*, pág. 65.

cuerpo, morir aquí y ahora era algo estupendo y muy apropiado y que esto era por lo que me encontraba aquí.[11]

David Carse es consciente de que «este nuevo estado de mente y cuerpo, de rendición y aceptación, sencillamente había aterrizado a mi regazo sin mérito alguno por mi parte».[12] Es entonces cuando sucede una transformación integral en él, hasta tal punto que deja de hablar en primera persona para pasar al pronombre impersonal porque tiene la impresión de que su individualidad yoica desapareció a partir de aquel momento:

Se produce entonces un desgarramiento, un ardiente dolor físico en el pecho, como si la caja torácica estuviera abriéndose; al mismo tiempo hay un cosquilleo en la coronilla y la sensación de que en la cúspide de la cabeza se despega como cuando se extrae una gorra muy ajustada. Hay paz, consentimiento, ningún temor. Se siente como una inmensa erupción o explosión o expansión que el cuerpo no puede contener. De la coronilla surge una oleada, un torbellino hacia no sé dónde, hacia el infinito, mientras el corazón se expande en mi pecho y fuera de él, hasta que llena primero la selva, luego el mundo, después la galaxia.[13]

11.   *Ibidem*, págs. 65-66.
12.   *Ibidem*, pág. 66.
13.   *Ibidem*, pág. 73.

Tras percibir esta expansión energética, fija la atención en lo que sucedió en su corazón:

> La oleada de la cúspide de la cabeza se percibe, pero la atención no la sigue. Lo que sí se atiende es la expansión del corazón, porque con la expansión del corazón se expande también el «yo». Y me descubro en lo que en mi ignorancia, carente de términos o categorías, denomino Presencia; Presencia expresándose como Brillo, como luz, pero más clara y brillante, más allá de la luz. Ni blanca ni dorada, solo Brillo absoluto. Brillantemente Vivo, radiantemente Siendo Todo Lo Que Es.[14]

Esta experiencia marca de forma radical un antes y un después en su vida. De tal modo que años más tarde puede decir:

> La Presencia que se experimentó esa noche por primera vez, nunca jamás ha dejado de experimentarse desde entonces. Esta vida se vive a la Luz de la Presencia, siempre. Ahora no puede ser no sentida. Esta sensación de Presencia, esta Consciencia, que es Brillo, es omnipresente. Tan pronto pareció expandirse el corazón fuera del pecho hasta llenar la galaxia, se apercibió la Presencia, que Es Todo Lo Que Existe, como un inmenso Brillo, como Luz más allá de la Luz.[15]

---

14.   *Ibidem*, págs. 73-74.
15.   *Ibidem*, pág. 75.

Y precisa:

> El Brillo no es inerte; es *Sat Chit Ananda* (es Existencia, Inteligencia, Gozo), viviendo, respirando, consciente, Amor, Compasión, Bienaventuranza vertiéndose.[16]

Pudo verterse en él tanta Presencia porque toda su persona se convirtió en receptividad. Para pasar de la convexidad autodefensiva a la concavidad receptiva, tuvo que rendirse, una de las palabras más recurrentes de su libro.

Byron Katie

El tercer testimonio es de Byron Katie.[17] Esta mujer llevaba varios años en depresión en un proceso de autodestrucción tan severo que tuvo que ser internada en un sanatorio mental. Pasó días tirada en el suelo del hospital sin querer comer ni asearse porque no se sentía digna de ello, alternando el autorreproche de encontrarse en ese estado con el reproche a otros por haberla dejado caer tan abajo. De pronto, en lo más profundo de su infierno, le vino una pregunta: «¿Y si todo eso no fuera cierto? ¿Y si no fuera verdad lo que pienso?». Este mero pensamiento la calmó. Era la primera tregua en muchos años, una claridad que procedía de otro lugar del

---

16. *Ibidem*, pág. 76.
17. Byron Katie, *Amar lo que es*, Ediciones Urano, Barcelona, 2008.

interior de sí misma. En aquel momento tenía cuarenta y tres años. Al día siguiente se despertó sin ningún concepto de sí misma, de quién era o qué era. Su «yo» no existía:

> Toda mi rabia, todos mis pensamientos que habían estado atormentándome, todo mi mundo, el mundo entero, había desaparecido. A la vez, una risa que brotaba de las profundidades empezó a manar con fuerza. Todo me resultaba irreconocible. Era como si algo distinto se hubiera despertado, hubiese abierto los ojos y estuviese mirando a través de los ojos de Katie [...]. No había ninguna separación, nada resultaba inaceptable.[18]

La risa es una *manifestación* relativamente frecuente en las experiencias de iluminación (*satori*) en la tradición zen. Que aparezca en ciertos casos se debe a que la liberación o la iluminación se da en contextos o personalidades de gran rigidez. La risa es una gran aliviadora y el primer fruto de la liberación es esta distensión emocional y corporal. Pocos días después, Katie pudo salir del hospital psiquiátrico y durante un largo tiempo fue recomponiendo su comprensión de la vida. Tuvo la suerte de vivir en Ojai, un lugar apartado en el desierto de California. Se adentraba a caminar por aquellos parajes amplios y solitarios dejando que el viento despejara sus pensamientos. Este período muestra que si

---

18. *Ibidem*, pág. 10.

bien hay un primer momento intenso del despertar, luego hay que descender de la montaña para trasponer esa luz en el llano y en las calles de la propia ciudad. Madurando esa experiencia con el paso del tiempo, pudo escribir años más tarde:

> La humildad es lo que surge cuando te ves atrapada y expuesta a ti misma, y te das cuenta de que no eres nadie y que has intentado ser alguien. Simplemente te mueres, y te mueres en esa verdad. Mueres a lo que has hecho y a quien has sido, y es una cosa muy dulce; no existe en ello ni culpa ni vergüenza. Te vuelves totalmente vulnerable, como un niño. La defensa y la justificación se disuelven, y te mueres en el brillo de lo que es real.[19]

De este aprendizaje brotó un método de autoindagación, que ella llama *El Trabajo*, que consiste en responderse honestamente a uno mismo cuatro preguntas: ¿Es verdad lo que estoy pensando? ¿Tengo la absoluta certeza de que es verdad? ¿Cómo reacciono cuando tengo este pensamiento? ¿Qué sería sin este pensamiento? Este cuádruple autocuestionamiento es un modo de aplicar la atención consciente y la condición de testigo a través de una aproximación particular, pero al final se trata siempre de lo mismo: de acceder a otra perspectiva del *Aquí*.

---

19. Byron Katie, *Mil nombres para el gozo*, Editorial La Liebre de Marzo, Barcelona, 2013, pág. 114.

En los tres testimonios, la rendición liberó una cantidad insospechada de energía, en forma de lucidez (mente), de amor (corazón) y de vitalidad (corporeidad), una tríada que está implícitamente presente en el camino que recorremos. También en los tres casos la rendición está precedida de un tiempo arduo de combate y sufrimiento que lleva a un estado límite. El gran enigma, la gran cuestión es: ¿De dónde procede este *otro* lado de aquí mismo que está bañado de tanta luz y de tanta libertad? ¿Qué hace que podamos estar tanto tiempo confinados en el lado de acá, sin poder salir y sin muchas veces darnos cuenta de estar atrapados? Tomar conciencia de ese centro o núcleo endurecido y rendirlo es una tarea exigente. Por otro lado, estamos llamados a dar estos pasos no solo individualmente, sino colectivamente, para lo cual, como hemos visto en los tres casos que preceden, hay que encontrarse en una situación límite. La crisis civilizatoria actual es la oportunidad que se nos da para que dejemos de estar distraídos y nos dispongamos a que se produzca este salto colectivo.

¿Quién es el que se rinde?

Espero que haya quedado suficientemente claro que la rendición no es una claudicación, porque esta lleva a la anulación de lo que somos, mientras que la rendición conduce a nuestro trascendimiento. La rendición libera al Yo –el Ser esencial– en nuestro yo y libera a nuestro yo en el Yo esencial. Hay un yo capturador (lo que conocemos como *ego*), así como hay un yo receptor que es la epifanía del Yo que late en todos y en todo. La individuación del Ser que toma forma en cada uno solo se hace plenamente transparente cuando soltamos nuestro yo, cuando nos rendimos. Y esto nos expande, como hemos visto en los tres relatos anteriores. Mientras no hay rendición no hay más que repetición de lo que somos y sabemos. Cuando se da la rendición, entonces es posible la revelación. Somos receptáculo de revelación, la cual se da *en nosotros*, *a través de nosotros*, *a pesar de nosotros* y *más allá de nosotros*.

En nosotros: la vida acontece en cada uno, en lo que somos. Cada existencia es la ocasión de un vislumbre de lo Real. Existimos en nuestra única e irrepetible individuación para manifestar lo Inmanifestado. Por tanto, cada expresión de la consciencia es sagrada. Si no existiéramos, no podría darse a conocer. Tal es la radicalidad ontológica de ese *en-nosotros*. En el pensamiento de Ibn Arabi, lo que está en juego es la manifestación de los Nombres divinos que se produce a través de cada existenciación.[20] Cada uno de nosotros encarna uno de estos Nombres. Todo ser existenciado es gratuito y a la vez necesario. Gratuito porque podría no ser, y necesario porque, si ha aparecido, es que

---

20.   Henry Corbin, *La imaginación creadora*, Editorial Destino, Barcelona, 1993.

había de ser. Habrá un momento en que desaparezca nuestra manifestación bajo la forma que ahora somos, pero mientras estamos aquí, somos necesarios y, por lo tanto, sagrados, por incómodos que podamos llegar a ser para los demás e incluso para nosotros mismos.

A través de nosotros: a partir de cada particularidad, con nuestra sensibilidad personal, con la memoria de nuestras diversas experiencias, con nuestra percepción y captación peculiar de las cosas. Cada uno configura la realidad a su modo y hemos de ser fieles a esa comprensión que pasa por la biografía concreta de cada cual. Pero sin quedar capturados, dejando honestamente que todo ello se exprese a través de nosotros, sin apropiárnoslo, sin pretender agotar la realidad en nuestro ángulo de percepción. No es nuestro. Se da para los demás, no para nosotros mismos. Y dándose para los demás, se da para completar la manifestación del Ser que requiere de la transparentación de cada uno.

A pesar de nosotros: es decir, con todas las resistencias que ponemos, con todas las sombras, con todas las restricciones del propio acorralamiento. Somos desconocidos para nosotros mismos y somos muy poco conscientes de nuestras limitaciones. Nuestras razones y sinrazones están condicionadas por nuestra historia y por nuestras heridas. Podemos ser muy honestos y sinceros en expresar lo que creemos verdadero, pero sin darnos cuenta de en qué medida nuestra comprensión de las cosas aún tiene mucho por recorrer. Es *mi* verdad, pero no *la* verdad; es *mi* razón, pero no *la* razón.

Más allá de nosotros: lo que pasa a través de nosotros nos sobrepasa. No nos pertenece. A pesar de nuestras limitaciones, somos transmisores de claridades que nos superan. La rendición permite que uno sea pasaje de algo mayor que uno mismo y reciba la gracia de esa ráfaga que nos excede.

* * *

Las hojas no caen
en otoño.
Se desprenden,
se deslizan mansa
y libremente
hasta besar el suelo.

Se rinden ante la estación que adviene.
No temen deshacerse
antes de que el frío
las congele.

Su rendición es generosidad
también sabiduría.
Saben que no son ellas
las que han de perdurar,

sino el tronco y las ramas
que las sostienen.

Ellas no son el origen
ellas no son la fuente.

El árbol
    vuela
        en
            cada
                hoja
                    que suelta

al tiempo
        que permanece.

Ese manso desprenderse
    es la liberación
        de quien ya no retiene.

Aprender a ser
    árbol que anochece,
        ofrecerse en cada hoja
            para que puedan brotar nuevas

cuando regrese
            el Sol Naciente.

5. De escoger a acoger

Todo puede convertirse
en camino.

En estado de receptividad y de apertura, todas las situaciones son ocasión de conexión y de comunión con la Realidad, pero dada la insatisfacción y la confusión casi permanentes con que vivimos, estamos escindidos y en continua alerta. Ansiosamente queremos tomar las decisiones correctas que no aumenten nuestro dolor y nuestra carencia. Tememos perecer aún más con nuestras equivocaciones. Nuestra mirada se tensa porque no sabemos si lo que elegimos es la rama viva del árbol o una rama muerta que se romperá al agarrarnos a ella.

Unas tradiciones de sabiduría enseñan a cómo tomar las decisiones adecuadas y desde dónde tomarlas, mientras que otras dicen que la cuestión no está en elegir correctamente, sino en soltar la pretensión misma de elegir. Preferir supone la intromisión del yo. No se trata ni siquiera de decidir, sino de acoger y reconocer Lo-que-está-ante-nosotros. Reconocer es agradecer hasta poder llegar a corresponder incondicionalmente. Acoger es lo contrario de escoger. Acogiendo no se violenta lo que llega. Se recibe. Al recibirlo, puedo reconocer lo que me alcanza y ser plenamente alcanzado. Lo que me era externo pasa a formar parte de mí, dándome la capacidad de ser transformado más allá de si lo hubiera rechazado o elegido por mí mismo, limitándome así a mis propios criterios. Teresa de Jesús decía que Dios nos libre de que nos conceda lo que le rogamos, porque no sabemos lo que pedimos. Quedaríamos reducidos a nuestros deseos y a nuestros miedos.

Hay un tiempo para elegir y otro para soltar todo intento de elegir. Son dos estados de consciencia que se corresponden con dos niveles de la realidad: el plano de lo relativo, en el que hay que tomar decisiones concretas porque nos va la vida en ello y donde hay que cultivar las actitudes y los criterios para hacerlo adecuadamente; y el plano de lo absoluto, donde no hay nada que decidir porque todo nos es dado, incluso la misma capacidad de elegir. Estos dos niveles es lo que en el hinduismo se distingue entre el sendero hacia fuera (*pravritti*) y el sendero de regreso (*nivritti*). El primero, al estar vertido sobre la exterioridad, tiene que estar atento a cada una de sus posibilidades porque cada camino conduce a un lugar distinto; en cambio, todas las sendas hacia dentro conducen a un único Lugar, y por ello no tiene sentido elegir ninguno en concreto, sino que hay que identificar su dirección.

Podemos distinguir tres niveles o estados de consciencia frente a la elección. El primero atañe a la distinción entre *escoger* y *elegir*. Escoger está en el orden escindidor del ego y de sus apetitos y perspectivas autorreferidas, mientras que elegir se sitúa en el segundo nivel, donde se da la capacidad de escucha del yo. El tercer nivel consiste en dejarse elegir, en dejarse tomar; es decir, en vivir en estado de entrega sin preferencia alguna.

Escoger desde el ego

En este primer estadio consideramos a la persona que prefiere escoger según sus apetencias sin ponerlas en cuestión, sin darse cuenta de hasta qué punto la limitan. Expresa Jean Klein:

> Cada vez que el individuo se interpone como entidad independiente, un yo aparece. La ansiedad y la inseguridad se instalan e inevitablemente surgen deseos y agitación. El yo solo puede aplazar, desplazar, disminuir la perturbación, pero no eliminarla. Solo podemos pensar lo conocido y la intención nos deja en un círculo vicioso.[1]

El siguiente relato de Rumi ilustra lo erróneo y parcial de las preferencias del ego a partir del encuentro de Moisés con un pastor, donde aparece un Moisés todavía demasiado prendado de sí mismo:

---

1.   Jean Klein, *Alegría sin objeto*, Editorial Luis Cárcamo, Madrid, 2006, pág. 43.

El profeta y legislador oyó cómo un sencillo pastor hablaba con infantilismo y demasiada familiaridad con el Altísimo:

–Dios, ¿dónde estás? Quiero ayudarte, arreglarte los zapatos y peinarte el cabello. Quiero lavarte la ropa y quitarte los piojos. Quiero traerte leche, besarte las manitas y piececitos cuando sea la hora de acostarte. Quiero barrerte la habitación y mantenértela limpia, […]

Moisés se indignó:

–¿Quién eres tú para hablar con Dios así? ¡Esa familiaridad es blasfema!

El pastor quedó avergonzado y confundido y partió errante. Dios se le apareció a Moisés y le reprendió:

–Me acabas de separar de uno de los míos. ¿Has venido como profeta a unir o a seccionar? A cada ser le he dado una forma propia y única de ver, conocer y expresar este conocimiento. Lo que a ti te parece incorrecto es correcto para él. Lo que para uno es veneno, para otro es miel.

Moisés corrió en busca del pastor para pedirle perdón. El pastor le respondió lleno de agradecimiento:

–Utilizaste el látigo y mi caballo se encogió y, de un salto, salió de sí mismo. La naturaleza divina y mi naturaleza humana se reunieron. Benditos sean tu mano represora y tu brazo. No te puedo contar lo que ha sucedido. Me excede a mí mismo.[2]

---

2.   Versión condensada por el autor de un relato más extenso que aparece en: Jalaluddin Rumi, *Mathnawi*, Editorial Sufí, Madrid, 2003, vol. II, págs. 130-135 y en Coleman Barks, *op. cit.*, págs. 209-213.

Moisés no supo *acoger* porque quiso *escoger* el modo con que el pastor había de orar, pero el pastor sí que acogió lo que Moisés le dijo y eso le transportó más allá de sí mismo. No eligió de acuerdo con sus propias medidas, sino que se dejó sobrepasar por la desmedida de Dios. De este modo, superó las estrecheces de Moisés.

Algo semejante cuenta un relato hindú respecto a las interferencias de un supuesto maestro que pretende saber cómo deben ser las cosas:

Un célebre maestro había oído hablar de la santidad de dos ermitaños que vivían en una isla. Tuvo curiosidad por conocerlos y llegó en una barca hasta ellos. Sin embargo, quedó molesto y decepcionado ante el desorden y desconcierto de sus rituales y oraciones. Les estuvo enseñando con mucha paciencia durante un mes los pormenores litúrgicos que debían seguir. Finalmente les dijo:

–Si sois capaces de repetir exactamente todo lo que os he enseñado, algún día tendréis el poder de caminar sobre las aguas.

Y se marchó satisfecho, convencido de haberles instruido. Tomó el bote, y cuando todavía estaba cerca de la isla, escuchó con horror el canto desafinado de las oraciones que acababa de enseñarles. Pensó que había estado perdiendo el tiempo con unos ignorantes. Siguió remando contrariado y molesto cuando, de pronto, llegaron los dos ermitaños caminando sobre el agua diciéndole:

–Disculpe, señor. Se nos ha olvidado todo lo que nos ha enseñado. ¿Podría quedarse con nosotros un poco más de tiempo?

La idea de lo «ortodoxamente correcto» impidió a ese «experto» apreciar la santidad que tenía ante sus ojos. Su idea de cómo debían ser las cosas le privaba de ver lo que según sus patrones le resultaba despreciable. Escoger es escindir. La palabra ya lo dice: *ex-coger*, coger arrancando, desgarrando lo que se coge. *Ad-coger*, en cambio, implica acercamiento, ir hacia ello, dejar que advenga lo que viene. Mientras no actuamos así, lo único que tenemos son retazos de realidad, porque cada vez que escogemos rechazamos todo lo demás. Las manos se nos llenan de fragmentos que no podemos disfrutar porque quedamos agarrotados tratando de retener lo que hemos escogido.

Hace años, escuché una anécdota de un compañero jesuita que no he olvidado desde entonces y que me ha sido útil en muchas ocasiones. Él vivía en un barrio de gitanos de Granada, ciudad bendecida con muchos dones, entre ellos, el de estar situada a los pies de Sierra Nevada, la cual provee de agua fresca a la población durante todos los días del año. Mi compañero iba con los gitanos a diferentes lugares donde temporalmente eran contratados como jornaleros. En aquella ocasión fueron a vendimiar al sur de La Mancha. Era mediados de septiembre y todavía hacía un calor abrasador. El primer día hicieron el descanso de media mañana junto a un pozo. Sacaron agua del brocal y fueron bebiendo uno a uno. Al acabar de beber, mi compañero exclamó: «¡Esta agua tan caldosa no se puede comparar con la que tenemos en Granada!». Nadie respondió. Insistió, y de nuevo nadie hizo ningún comentario. Por tercera vez exclamó: «Pero ¿es que no habéis notado que esta agua es peor que la que tenemos Granada?». Entonces la mujer más anciana del grupo le miró fijamente y le dijo: «Y ahora, Adolfo, ¿de qué te sirve a ti el agua de Granada?». Mi compañero, al no acoger el agua que en aquel momento se le daba, no gozaba ni de ella ni del agua de Granada, que en aquel momento no tenía. Compararlas le impedía disfrutar y agradecer la que le ofrecía aquel pozo de La Mancha, que era donde se hallaba. En ese momento, el agua de Granada era inexistente, menos como memoria fantasmal que le robaba la única agua que ahora tenía. Escoger, preferir, comparar le privaba acoger la humilde agua disponible que en aquel instante saciaba su sed. Mientras no estamos en el lugar en que nos hallamos, no estamos en ninguna parte.

Elegir desde el yo

Distingo entre *escoger* y *elegir* en cuanto que el primer verbo responde a las apetencias, caprichos o prejuicios del ego, mientras que el segundo corresponde a un estadio ulterior. Aquí es donde se sitúa el discernimiento ignaciano. En clave teísta, se trata de estar a la escucha de la voluntad de Dios para favorecer la estructuración del yo. Los *Ejercicios Espirituales* de san Ignacio recorren diversas etapas para propiciar la escucha de la voz de Dios sobre la propia vida.[3] Este discernimiento se ha identificado con un ejercicio meramente mental. En verdad, se trata de una escucha integral que apunta a una plena receptividad de la persona, fruto de la disolución de lo que Ignacio de Loyola llama las «afecciones desordenadas», esto es, el ego capturador y bloqueador. A medida que se avanza en las *semanas* de los Ejercicios, se descubre que la elección que se hace no es sobre algo concreto, sino sobre la orientación integral de la propia existencia hacia Dios, hacia el Absoluto. También se va descubriendo que más que elegir, se trata de dejarse elegir.

San Ignacio distingue diversos climas o tiempos del alma, los cuales se pueden considerar como tres estadios de consciencia. El tercer tiempo se corresponde con el raciocinio de la mente, que a su vez tiene dos modalidades: una más analítica, a base de establecer una lista de pros y contras,[4] y otra más intuitiva, basada en un proceso de desindentificación.[5] Se trata de distanciarse de uno mismo y mirarse desde tres ángulos diferentes: qué le diría a otro si estuviera en mi caso; qué decidiría si estuviera ante la muerte; qué decidiría si estuviera ante el llamado juicio final, es decir, ante la revelación completa de mi vida.

3.   San Ignacio de Loyola, *Ejercicios Espirituales* (170-188), Sal Terrae, Santander, 1987, págs. 119-114.
4.   *Ibidem*, (178-183), págs. 111-113.
5.   *Ibidem*, (184-188), págs. 113-114.

El segundo tiempo corresponde a una escucha de los afectos en base a la alternancia de consolaciones y desolaciones.[6] Consolación es todo aquello que dilata y expande el corazón mientras que la desolación es aquello que lo contrae y retrae. A través de la identificación de estos dos movimientos que resuenan en todas las células del cuerpo, se puede identificar lo que para uno es camino de vida o camino de muerte.

El primer tiempo de elección consiste en una irrupción de claridad:

> Cuando Dios nuestro Señor así mueve y atrae la voluntad que, sin dudar ni poder dudar, el alma devota sigue a lo que es mostrado, así como san Pablo y san Mateo lo hicieron en seguir a Cristo Señor nuestro.[7]

En lenguaje teísta se está indicando que toda persona se abre ante lo que se le muestra, no solo sin ofrecer resistencia, sino sintiéndose atraída por ello. La expresión «alma devota» designa la actitud de plena disponibilidad, ofrecimiento y entrega. Esto es, plena apertura. Lo curioso de los dos ejemplos que pone san Ignacio –la llamada a san Pablo y san Mateo– es que en el momento en que se dio esa irrupción de Dios en sus vidas no parece que estuvieran particularmente

---

6. *Ibidem*, (176), pág. 111
7. *Ibidem*, (175), pág. 111.

receptivos, sino más bien todo lo contrario: san Pablo se dedicaba a perseguir a los cristianos y Mateo era un recaudador de impuestos al servicio de los romanos. Esto parece indicar que el ser humano tiene una disponibilidad mayor que la que se manifiesta en su campo consciente. Existe un *Kairós*, un tiempo oportuno, que no tiene que ver con los procesos lineales. Este primer tiempo de elección ignaciano se corresponde con el tercer nivel de consciencia que viene a continuación.

Acoger incondicionalmente

Como maestro de la escucha y de la receptividad, Jean Klein afina los matices de lo que nos impide reconocer sin resistencias lo que llega hasta nosotros:

> Escuchar es aceptar abiertamente sin interpretar. Date cuenta de que tienes miedo de renunciar a interpretar porque ello significa que el ego ya no puede producir. Acoger abiertamente no tiene nada que ver con estar de acuerdo. ¡Tiene su propio sabor! […]. Cuando la agitada mente se relaja, puedes encontrarte en un momento intemporal de verdadero escuchar.[8]

---

8. *Ibidem,* pág. 45.

Los miedos autodefensivos del ego son unas de las «afecciones desordenadas» que mencionábamos antes. Klein aclara que no se trata de dejar de tomar decisiones, sino que estas provienen de otro lugar:

> No estoy diciendo que no haya conclusiones, sino que la solución proviene directamente de la propia situación y no de tu proyección. Cada situación es única y tiene su propia respuesta. Cuando escuchas una situación desde la totalidad sin la interferencia de una imagen de «yo», hay percepción directa. La situación entonces concluye en ti. Si intentas manipular una situación, puede que consigas arreglar las cosas temporalmente para acomodarlas a tu ego, pero continúas estando en el nivel personal y conflictivo.[9]

Esta percepción directa es a la que se refieren los Ejercicios ignacianos en el primer tiempo de elección. La plena receptividad supone una aceptación de la realidad que está basada en la veneración. Venerar implica hacer un voto de confianza y de reconocimiento de que, tras la persona o situación que se presenta, hay mucho más de lo que vemos. Lo que percibimos apenas roza el velo que oculta el misterio de lo que tenemos ante nosotros. Todo es signo y mensaje de algo mucho más hondo que asoma a través de esa persona, circunstancia o situación.

9. Jean Klein, *¿Quién soy yo? La búsqueda sagrada*, *op. cit.*

De aquí el consejo de una mujer sabia y analfabeta de un pequeño pueblo de Teruel.[10] La gente de los alrededores que le iba a consultar se quejaba con frecuencia de las situaciones adversas que vivían. Ella les decía:

–Lo que viene, conviene.

–¿Cómo sabes que conviene?

–Porque viene.

Estamos, o bien ante un cinismo y una banalidad hirientes, o bien ante unas palabras que contienen la clave de la vida. Hay banalidad y necedad si simplemente repetimos esta fórmula dejándonos fríos y pasivos. Pero no es en absoluto pasividad lo que se alienta aquí, sino una participación muy activa de toda nuestra persona, una actitud de apertura y de radical acogida que supone un sí incondicional a la Vida, una confianza plena en la Realidad. En términos de David Carse:

> Comparar, tamizar, aprender, batallar, imaginar, sentir, pensar…, todo eso es como tratar de asir una sombra o perseguir el viento. En cambio, está el impresionante y desbordante don de parar, de permitir el desprendimiento […]. Deja que todo eso pare. Permite que se desprenda. Deja de tomártelo en serio. Deja por completo

---

10.   Se trata de la abuela de Enrique Martínez Lozano, a la que este se refiere a menudo en sus charlas y conferencias.

de sostenerlo. Déjalo estar. Aquiétate. Simplemente para. Deja que la gracia te pare.[11]

Y también:

Una característica primordial del despertar es la rendición a la completa aceptación de lo que es como el perfecto despliegue que acaece en la Consciencia […]. Tal aceptación es muy profunda, es infinita; y comienza aquí, en el propio corazón. Lo que sea que surge se acepta.[12]

Decía Nisargadatta: «Todo se puede convertir en camino». Ante la resistencia de su interlocutor, insistía:

Todo puede convertirse en camino con tal de que esté interesado […]. ¡En el lado de usted hay tantos problemas! En el mío no los hay en absoluto. Venga a mi lado. Usted es propenso a los problemas. Yo estoy inmunizado. Cualquier cosa puede ocurrir; lo único que se necesita es interés sincero. La seriedad lo consigue.

–¿Puedo llegar a hacerlo?

–Por supuesto. Usted es muy capaz de cruzar. Solo tiene que ser sincero.[13]

11. David Carse, *op. cit.*, pág. 255.
12. *Ibidem*, pág. 269.
13. *Yo soy Eso*, Sirio, Málaga, pág. 269.

Sinceridad significa compromiso auténtico y constante. Cruzar el umbral *de aquí a Aquí* es tan simple como exigente. Pero ¿cruzar a dónde? Hacia lo Abierto. Mientras no estamos *Aquí*, las diferentes posibilidades de nuestra acción nos perturban porque, al ser infinitas, nos aturden y nos agotan, ya que somos seres finitos y tantas alternativas nos abruman. Pretender controlarlo todo tensa y extenúa, hasta que nos soltamos. Siguiendo con Nisargadatta:

> Hay mucha actividad de este tipo debido a la ignorancia. Si la gente supiera que nada puede ocurrir a menos que todo el universo lo haga ocurrir, conseguiría mucho más con mucho menos gasto de energía.[14]

Saber que formamos parte de un gran Todo que no podemos controlar nos destensa y nos dilata. Con una claridad contundente, Nisargadatta explica que acoger supone responder con la integridad de nuestro ser a cada momento:

> Realizar lo Eterno es hacerse Eterno, la totalidad, el universo, con todo lo que contiene. Cada suceso es el efecto y la expresión de todo y está en armonía fundamental con el todo. Cualquier respuesta desde el todo será correcta, sin esfuerzo e instantánea. Si es correcta, no puede ser de otro modo. Una respuesta retra-

---

14.   *Ibidem*, pág. 30.

sada es una respuesta incorrecta. El pensamiento, el sentimiento y la acción tienen que ser uno y han de ser simultáneos con la situación que los requiere.[15]

Estamos llamados a responder desde la perspectiva del Todo y no desde una autorreferencia acorralada porque cada suceso es expresión de ese Todo y no un fragmento escindido. La misma doctrina se transmite en la tradición taoísta, concretamente en el *Hua Hu Ching*:

> Quienes desean encarnar el Tao han de aceptarlo todo.
> Aceptarlo todo significa en primer lugar
> no tener cólera ni resistencia hacia ninguna idea o cosa,
> viva o muerta, con forma o sin forma.
> La aceptación es la verdadera esencia del Tao.
> Aceptarlo todo también significa
> apartarse de cualquier concepto de separación:
> hombre y mujer, yo y otro, vida y muerte.
> La división es contraria a la naturaleza del Tao.
> Renunciando al antagonismo y a la separación
> se entra en la unidad armoniosa de todas las cosas.[16]

---

15. *Ibidem*, pág. 90.
16. *Hua Hu Ching*. Ed. Edaf, Madrid, 2020, n°3, pág. 19. Se trata de un texto escrito compilado en el siglo IV por Wang Fu, aunque atribuido tradicionalmente a Lao-Tse.

La total aceptación

Margarita Porete, beguina del siglo XIII, expresaba casi con estas mismas palabras que la aceptación total se convierte en la apertura total:

> Cada cosa ha de encontrarse donde se halla, y porque Dios es todo por todas partes, en todas partes lo encuentra el alma. Y por ese motivo cualquier cosa le conviene, pues no hay nada en ningún sitio donde no encuentre a Dios.[17]

La aceptación completa comporta la plena libertad respecto de las propias preferencias porque pone en contacto directo con la Vida y con la Presencia que hay detrás de cualquier posibilidad y forma de existencia. Este contentamiento que tiene la persona a propósito de cualquier elección o preferencia es un error fallido de posesión:

> ¿Cómo puede un alma tener voluntad si el Claro Conocimiento conoce que Dios es un ser [...] al que ninguna criatura puede poseer si no es a través de no querer nada?[18]

---

17. Margarita Porete, *El espejo de las almas simples*, Edición de Blanca Garí, Siruela, Madrid, 2005, n. 30, pág. 82.
18. *Ibidem*, 12, pág. 65.

No querer ni requerir nada es el fruto de ese «Claro Conocimiento» –«Plena Consciencia» diríamos hoy– de que Dios está en todo y que el único modo de habitar y de permanecer en él es no tratar de poseerlo con ninguna pretensión. Con el contundente estilo de David Carse:

> Todo es perfecto tal cual es. ¿Cómo lo sé? Porque es lo que es. ¿Cómo podría ser no perfecto? Esto resulta evidente cuando se tiene el don de *ver*, aunque es probablemente incomprensible y difícil de aceptar hasta que se *ve*.[19]

Ahora bien, ¿no es el colmo del cinismo y de la crueldad aplicar estas palabras a los campos de concentración, campos de refugiados, asesinatos, violaciones, abusos y tantas otras situaciones inhumanas en las que muchas personas se encuentran? Hay que comprender bien lo que estamos diciendo para que no sea una aberración ni un insulto. La expresión «todo es perfecto tal cual es» no es una valoración moral ni tampoco una constatación pasiva de los hechos. Se trata de algo mucho más profundo: de la radical aceptación de lo que está sucediendo. Negarlo todavía lleva a más dolor y a más absurdo. Decir que es *perfecto* implica el reconocimiento de lo Real, que es mucho mayor que mi capacidad de negarlo, porque lo que está sucediendo es resultado de una confluen-

---

19. David Carse, *op. cit.*, pág. 279. El énfasis en *ver* es mío.

cia inimaginable de factores que en esos momentos están eclosionando en esa situación. Al reconocerlo como *perfecto*, en cuanto que hecho que está sucediendo, puedo traspasarlo, atravesarlo, trascenderlo. Negándolo estoy eludiendo la misma realidad y a mí mismo, que la estoy viviendo, o a aquellos que la están viviendo. Solo lo real puede transformar lo real. Y para ello se requiere la plena aceptación.

Tal es la fuerza y la lucidez que tuvo Etty Hillesum (1914-1943), una joven judía, ante los campos de concentración nazi. Aceptar que estaban allí era la única manera de poder trascenderlos. Su proceso de aceptación hasta llegar a comportamientos heroicos de solidaridad está registrado en su diario y en sus cartas. Anota en una de las entradas de su diario:

> Quisiera estar presente en todos los campos y frentes. No quiero estar «a salvo».[20]

Ponerse a salvo es para ella evadirse de lo que está sucediendo. Se trata de poder llegar a asumirlo todo:

> Se está en casa en cada sitio del mundo, siempre y cuando uno se lleve todo consigo mismo.[21]

---

20. Etty Hillesum, *Diario de Etty Hillesum*, (2 de Octubre de 1942), Anthropos, Barcelona, 2007, pág. 191.
21. *Ibidem*, (20 de septiembre de 1942), pág. 173.

Al ser capaces de abrazar la realidad, nuestro modo de situarnos ante ella se transforma, y la máxima fragilidad se convierte en fortaleza, porque se vence el temor a la muerte. Así se explica esta otra entrada de su diario:

> Me gustaría vivir como las lilas del campo. Si comprendiéramos correctamente estos tiempos, podríamos aprender a vivir como una lila en el campo.[22]

Porque la alternativa es todavía más devastadora tal como escribe en una de sus cartas:

> El menor átomo de odio que añadimos a este mundo nos lo hace más inhóspito.[23]

El odio es la reacción de rechazo ante lo que está sucediendo. Pero se da cuenta de que no es una reacción suficiente. Dos meses antes de su deportación y muerte en Auschwitz, escribe en una carta desde el campo de concentración de Westerbork:

> La gente no quiere admitirlo, pero a partir de un momento dado no se puede hacer nada excepto «ser» y «aceptar». El proceso de aceptación, en mi caso, ya comenzó hace mucho tiempo, pero no

---

22. *Ibidem*, (22 de septiembre de 1942), pág. 174.
23. Carta fechada a finales de diciembre de 1942, en: Paul Lebeau, *Etty Hillesum, Un itinerario espiritual. Ámsterdam 1941–Auschwitz 1943*, Sal Terrae, Santander, 2000, pág. 173.

tiene validez más que para una misma, no para los demás […].
Mi madre y Misha [su hermano] no se resignan, pretenden mover
cielo y tierra, y yo me siento impotente como para asistirles.[24]

El último escrito que se conserva de ella es una nota que se
encontró entre las vías del tren que la deportaba con toda
su familia a Auschwitz:

> Sentada sobre mi mochila, en un vagón de mercancías abarro-
> tado. Papá, mamá y Misha van algunos vagones más lejos. La
> partida se produjo de modo imprevisto. Hemos abandonado el
> campo cantando, papá y mamá con mucha calma y valor, lo mis-
> mo que Misha. Viajaremos tres días. Gracias a todos por todos
> vuestros cuidados. Un saludo de parte de los cuatro.[25]

Tener la capacidad de cantar en esas circunstancias cam-
biaba radicalmente el sentido de lo que estaban viviendo,
mostrando que asumían lo que estaba sucediendo. Su madre y su hermano también habían logrado hacerlo. De este
modo, nadie se apoderaba de sus vidas ni de su modo de
morir. La plena aceptación les hacía libres por encima de
la voluntad de sus verdugos y transformaba esa situación y
muerte infames en un acto de confianza en que la Vida no
puede ser exterminada por ninguna locura.

24. Carta fechada el 10 de julio de 1943, en: Etty Hillesum, *op. cit.*, pág. 204.
25. Paul Lebeau, *op. cit.*, pág. 207.

* * *

Nuestras manos ávidas
　han acabado convirtiendo
　　nuestras palmas
　　　en zarpas.

¿Qué las restaurará?
　¿Qué las hará amables
　　de nuevo?

Cuando podamos acariciar
　la realidad
　　sin agarrarla.

Cuando estemos abiertos
　a las personas y a las cosas
　　sin preferirlas,
　　　sin compararlas,
　　　　sin censurarlas.

Cuando, bautizados de nueva inocencia,
　podamos dar la bienvenida
　　tanto a lo favorable
　　　como a lo adverso.

Cuando lleguemos a comprender
　que todo es el verso y el reverso
　　de un Poema que se escribe
　　　a cada momento.

Tan importante es el *qué*
de los contenidos
como el modo de beberlos
en los cuencos
donde nos son servidos.

Devenir cálices abiertos,
manos y brazos sueltos,
para abrazar y consagrar
lo que nos llega
a cada tiempo.

6. De hacer a dejarse hacer

Mi empleo más firme
es mantenerme en la cima de mi condición
y estar listo para lo que pueda suceder
en el cielo o en la tierra.

HENRY D. THOREAU

Los seres humanos estamos abocados a actuar continuamente porque la vida misma es movimiento y hemos de responder de acuerdo con cada situación. No hacer, no intervenir, nos llevaría enseguida al colapso y a la muerte. No elogiamos una pasividad que eluda nuestra responsabilidad, sino que se trata de otra cosa: de tomar consciencia de *desde dónde* hacemos lo que hacemos, *desde dónde* respondemos. La mayoría de las veces nuestra actuación es reactiva y automática, cuando no compulsiva, fruto de un deseo de conseguir o modificar alguna cosa sin poner en cuestión si ese impulso o esa acción van a cambiar algo verdaderamente significativo, comenzado por nosotros mismos. Todo acto que no conlleve una transformación de quien lo hace es incompleto, cuando no errático.

No se trata de no-hacer, sino de dejarse hacer a través de lo que hacemos. Si ocupamos todo el espacio de nuestra acción, quedamos reducidos a nuestras capacidades mentales o a nuestras aptitudes corporales. En el *dejarse hacer* nuestra materia pasa a ser de sólida a líquida, de rígida a fluida hasta llegar a hacerse sutil. A propósito de esto me permito tomar una cierta distancia respecto a la crítica que hace Zygmunt Bauman a la sociedad *líquida* de la posmodernidad.[1] El filósofo judío polaco considera que las identidades actuales se parecen a la costra de la lava que se endurece y vuelve a fundirse continuamente, cambiando de forma sin cesar. Las identidades parecen estables desde fuera, pero en verdad son sumamente frágiles y están sometidas a un desgarro constante. La identidad no tiene ningún soporte externo. Cada cual tiene que fraguarse provisionalmente la suya para sobrevivir. Según sus planteamientos, el valor que impera en la *modernidad líquida* es la necesidad de hacerse con una identidad versátil e inconsistente, con la que uno no se compromete, para enfrentarnos a las distintas mutaciones que tenemos que sufrir y asumir sin ningún núcleo consistente en el que arraigarse y vertebrarse. De este modo estamos a merced de las circunstancias; son ellas las que nos modelan, en lugar de ser nosotros quienes las modelemos. No minusvaloro la

---

1. Cf. *Modernidad líquida*, Fondo de Cultura Económica, Buenos Aires, 1999; *Amor líquido,* Fondo de Cultura Económica, Buenos Aires, 2005, *Vida líquida*, Paidós, Barcelona, 2006 y *Tiempos líquidos*, Tusquets, Barcelona, 2007.

diagnosis de Bauman sobre nuestro tiempo, que nos pone en alerta de estar caminando sobre un suelo inconsistente. Sin embargo, no lo dice todo. Hay otros aspectos del tiempo que vivimos que Bauman parece no ver.

También el filósofo coreano Byung-Chul Han nos alerta de que en nuestra sociedad no hay presente, solo instantes.[2] Ansiosos por consumir cada situación y experiencia, hemos perdido la memoria y no tenemos presente. Devoramos sensaciones y experiencias sin que ninguna de ellas nos cale a fondo, sin que ninguna nos transforme. Ambos pensadores coinciden: la voracidad y el apresuramiento contemporáneos conllevan la banalización de la vida, lo cual nos impide estar presentes, sin visión del futuro ni memoria del pasado. Esto nos confina a una visión cuarteada y superpuesta que solo nos permite tropezar con fragmentos.

Pasar de este *hacer* precipitado y compulsivo a un *no-hacer* reverencial no conduce a una pasividad indolente y esquiva que se escapa del compromiso con la realidad, sino a una plena atención y respeto por lo que acontece a través de lo que realizamos, de lo que «hacemos real».

En esta sabiduría del «no-hacer haciendo» o de la «acción sin actuación» podemos distinguir tres niveles: ausencia del ego, ausencia de intención y ausencia de hacimiento.

---

2. Cf. *El aroma del tiempo*, Herder Editorial, Barcelona, 2015.

Ausencia de ego

La superación de la autorreferencia en la actuar es la doctrina básica de la *Bhagavad-gita* sobre el *karma marga*, el camino de la acción, una de las tres vías de acceso a la realización.[3] Este texto tan fundamental de la tradición hindú comienza presentando el dilema del príncipe Arjuna en un campo de batalla: tiene que enfrentarse a sus parientes, que le han usurpado ilegítimamente el trono. Ante la tentación de eludir el enfrentamiento y retroceder, el auriga de su carro de combate se convierte en una manifestación divina (Krishna) que le recuerda que la vida humana es un acción continua que no se puede eludir:

> El desapego en la acción no es alcanzable mediante la pasiva inactividad. Ni la suprema perfección es alcanzable por la mera renuncia. Pues el ser humano no puede estar inactivo ni por un momento. Todo es impulsado por las tres fuerzas de la naturaleza[4] (BG 3, 4-5).

3.   Las otras dos vías son la devocional (*bhakti marga*) y la del conocimiento (*jnana marga*).

4.   Se refiere a las tres *gunas* que rigen la calidad de todos los elementos: *satva, rajas* y *tamas*. La primera está asociada a la pureza y a la serenidad; la segunda, al vigor y a la fuerza; la tercera, a la indolencia y a las pulsiones regresivas.

Haz tu tarea en la vida, porque la acción es superior a la inacción. Ni siquiera el cuerpo podría subsistir si no hubiese actividad vital en él (BG 3, 8).

Ahora bien, no cualquier acción es adecuada. Lo es aquella que no surge de los intereses personales y autorreferidos del ego, sino que busca la restauración del bien y de la verdad para el equilibro del mundo:

La persona que, manteniendo todos sus sentidos bajo el control y libre del apego, se entrega al camino de la acción sin apego, este es en verdad un hombre (BG 3, 7).

La persona que se deleita en el Espíritu y en él encuentra su satisfacción y su paz, esta persona está más allá de las leyes de la acción (BG 3, 17).

Está más allá de lo que se ha de hacer y de lo que no se ha de hacer (BG 3, 18).

Actúa sin apegos y realiza el trabajo que debas hacer, pues el hombre cuyo trabajo es puro obtiene sin duda lo Supremo (BG 3, 19).

La *Bhagavad-gita* fue el libro de cabecera de Gandhi, en el cual encontró siempre inspiración para su compromiso político.

Ausencia de intención

El segundo nivel implica la ausencia de intención. El verano[5] en que Henry D. Thoreau fue encarcelado por su desobediencia civil al no pagar impuestos a un estado esclavista, anotó en su diario una cita de la *Bhagavad-gita*: «No puede ser un yogui quien, en sus acciones, no haya abandonado todas las intenciones».[6] La intención es cercana semántica y etimológicamente a la atención, pero apuntan en direcciones diferentes. Ambas proceden de la raíz indoeuropea *ten*, «tender». *Ad-tendere* indica un movimiento hacia fuera, mientras que *in-tendere* apunta hacia adentro. La atención (*ad-tendere*) tiene que ver con la percepción de los sentidos, con el acto de hacerse consciente y presente; la intención (*in-tendere*), en cambio, está relacionada con la concentración de la voluntad y de la inteligencia. Suspender la voluntad y la inteligencia propias de la actuación ordinaria para abrirse a otro tipo de acción sin intención es el umbral que nos proponemos cruzar ahora, conscientes de que no podemos sustraernos a la paradoja o a la contradicción de que sigue habiendo una intención en este propósito.

Tal vez si seguimos a Margarita Porete podremos com-

5.   En julio de 1846.
6.   Citado por Laura Dassow Walls, *Henry David Thoreau*, Cátedra, Barcelona, 2019, pág. 23; *The Journal of Henry David Thoreau*, Princeton University Press, Princeton, 1981, vol.2, págs. 256-257.

prender mejor de qué se trata. Esta beguina del siglo XIII fue condenada a la hoguera por la Inquisición a causa de su libro, *El espejo de las almas simples*.[7] En él explica el salto cualitativo que se dio en su vida espiritual al descubrir la futilidad de sus esfuerzos. Al tiempo del hacer lo llama el *estado de las virtudes*, basado en pretender alcanzar el ideal de la perfección moral. El problema no está en las virtudes, sino en la ambición por lograrlo y en la autosatisfacción que provoca haberlo conseguido. Aquello que es un estímulo para crecer en un primer momento, en otro tramo del camino se convierte en obstáculo para seguir avanzando. Soltar esa pretensión lo llama *caer*. En su libro, que fue muy leído en vida y por ello considerado peligroso, expone un recorrido en seis estadios hasta llegar a una disponibilidad total. Sus etapas no son hacia arriba, sino hacia abajo; no son ascensos, sino *caídas*, desprendimientos radicales. Los cuatro estadios iniciales son previsibles:

En el primero, el alma es tocada por las primeras ráfagas de lo divino (la gracia). De este modo experimenta una primera forma de muerte (o primera caída), que es la renuncia a todo aquello que deforma y la retiene en su egocentramiento. En lenguaje tradicional es la muerte al pecado.

En el segundo estadio, el alma se esfuerza en actuar y así activa su segunda muerte o caída: la muerte a la naturaleza,

---

7. Margarita Porete, *op. cit.*

dice ella; esto es, a las inclinaciones instintivas que, sin ser nocivas en sí, giran egocéntricamente.

El tercer estadio consiste en «amar la obra de perfección», la obra de las virtudes en conformidad con la ley, lo cual genera una gran autosatisfacción.

En el cuarto, el alma es arrebatada en Dios:

> La expansión del amor divino se mostró ante mí en la luz divina de un relámpago altísimo y penetrante en el cual me mostró, simultáneamente, a Él y a mí. Es decir, a Él tan alto y a mí tan baja, que no pude levantarme ni valerme por mí misma; y allá nació lo mejor de mí misma.[8]

Parecería que no hay más estadio por ascender –o descender–. Margarita llama de dos maneras diferentes a los que llegan hasta esta etapa: los *perecidos* y los *extraviados*. Ambos pertenecen al Reino de la razón y a la Señora de las Virtudes. Pero hay una diferencia sustancial entre ellos: los *perecidos* son aquellos que piensan que ya no pueden avanzar más y están satisfechos de sí mismos; los *extraviados*, en cambio, intuyen que queda más por recorrer, pero no saben por dónde avanzar. Para estos ha escrito su libro, porque ella se encontró en este peldaño durante mucho tiempo, sin poder ni saber avanzar. Era «cuando bebía de leche y papillas y aún hacía el tonto».[9]

---

8. *Ibidem*, cap. 132, pág. 190.
9. *Ibidem*, cap. 123, pág. 177.

Es entonces cuando se produce una nueva e inesperada caída, más radical que las anteriores y se abre otro Reino, el de la libertad y el amor. En este quinto estadio, «el alma se ha convertido en nada, lo tiene todo y por ello no tiene nada, lo quiere todo y no quiere nada, lo sabe todo y no sabe nada».[10] Aquí dice Amor al Alma:

> Oh, tú, que has perdido todas tus prácticas y por esta pérdida tienes la práctica del no-hacer, eres verdaderamente preciosísima; ya que, en verdad, esta práctica y esta pérdida son hechas en la nada de tu Amigo y en esta nada –dice Amor– has desparecido y permaneces muerta. Pero tú, amiga –dice Amor–, vives plenamente en su querer; tal es su estancia donde le place permanecer.[11]

Los que se adentran en el quinto estadio son los *desaparecidos*, aquellos y aquellas que han *caído* de las virtudes en el amor. El alma *ya no es*, y por ello puede abarcar más allá de sí misma:

> El alma está tan ebria del conocimiento del Amor y de la gracia de la pura Divinidad que está siempre embriagada de conocimiento y repleta de alabanzas del amor divino. Y no solamente embriagada de lo que ella ha bebido, sino totalmente embriagada y más que embriagada de lo que jamás bebió ni beberá.

10.   *Ibidem*, cap. 7, pág. 56.
11.   *Ibidem*, cap. 51, pág. 102.

La dama Razón no comprende y le pregunta a Amor qué significa que esta alma esté embriagada más de lo que jamás bebió ni beberá. Amor responde:

> Ese «más» le embriaga no porque haya bebido algo, sino porque ha bebido a través de su Amigo; ya que entre Él y ella, por transformación de amor, no hay ninguna diferencia, sean cuales sean sus respectivas naturalezas [...]. Este vino es la bebida suprema de la cual nadie bebe excepto la Trinidad. Y de esta bebida, sin que la haya bebido, está ebria el Alma aniquilada, el Alma liberada y el Alma olvidada, pero totalmente embriagada y más que embriagada por lo que nunca bebió ni beberá.[12]

El alma aniquilada-liberada-olvidada conoce esa bebida excelsa «de la cual nadie bebe excepto la Trinidad». Margarita da a entender que ha bebido, que ha participado y que se ha identificado con la Realidad Fontal. Este es el límite que franqueó y que la religión de su tiempo no toleró. Pero todavía dice más.

En el sexto estadio, el alma ya no se ve, ni a sí misma ni a Dios, sino que es Dios quien se ve en ella. Se ha alcanzado el estadio pleno de la no-dualidad:

---

12.   *Ibidem*, cap. 23, pág. 77.

Aquí no es sino Aquel que es y que se ve en este estado por la transformación de amor de bondad derramada y retornada a Él. Y por ello se ve a Sí mismo en esa criatura sin darle nada propio; todo es suyo propio, su propio mismo.[13]

Margarita aclara que el Alma está aquí clarificada, pero aún no glorificada, grado que deja para después de la muerte corporal.

El paso de la visión al amor es el que se corresponde con el tercer nivel.

Ausencia de hacimiento

Con los últimos estadios de Margarita Porete hemos llegado al no-hacer (*wu-wei*) taoísta, al sutil moverse con soltura entre lo Impermanente y lo Permanente. Esto es lo que significa *Tao*: «vía», «camino», «curso», el fluir continuo de todas las cosas desde su Fuente hasta su Fuente, sin agotarse, sin detenerse. Vivir en la belleza de este Flujo consiste en descubrir que «en todo ser humano hay un impulso a moverse que procede del Tao y que tiende a devolverlo a él».[14] Por esto mismo, el Tao es reposo, y solo se puede llegar a él dejando de tender hacia él. Lo que nos cansa hasta la

---

13. *Ibidem*, cap. 118, pág. 168.
14. Henri Borel, *Wu Wei*, Editorial Obelisco, Barcelona, 2012, pág. 17.

extenuación es separarnos de su movimiento e imponer el propio. Tratar de forzar nuestra medida y nuestro ritmo a las cosas y a los acontecimientos nos deja agotados y frustrados. La clave está en *dejar-de-hacer* para *dejarse-hacer* en eso mismo que hacemos, dando paso a ese Fluir que contiene su propia sabiduría. Así lo define Lao-Tse:

> El Tao se expande como una oleada,
>
> es capaz de ir a izquierda y a derecha.
>
> Todos los seres han nacido de él
>
> sin que él sea su autor.
>
> Él consuma sus obras,
>
> pero no se las apropia.
>
> Él protege y nutre a todos los seres
>
> sin que se adueñe de ellos.
>
> Así, Él se puede llamar «Grandeza».
>
> Y porque no conoce su grandeza,
>
> su grandeza lo consume y perfecciona.[15]

El Tao contiene la máxima actividad y la máxima pasividad sin estar referido a sí mismo: «consuma sus obras, pero no se las apropia». Actuar desde el Tao es un hacer sin el yo, sin estar curvado sobre sí mismo, abierto a todo:

---

15.   Lao-Tse, *op. cit.*, XXXIV.

La bondad suprema es como el agua
que favorece todo y no rivaliza con nada.
Ocupando la posición despreciada por los demás,
está muy cerca del Tao.
Su posición es favorable.
Su corazón es profundo.
Su palabra es fiel.
Su gobierno está en perfecto orden.
Cumple sus tareas.
Trabaja infatigablemente.
No rivalizando con nadie,
es irreprochable.[16]

De este modo descubrimos que la razón de *dejar de hacer* para *dejarse hacer* radica en permitir que actúe la Esencia de lo que somos y de lo que es en lo que somos y en todo lo que es. Ello supone respetar el ritmo de las cosas, sin acelerarlas ni retardarlas. Zhuang Zi explicaba:

Rectifica tu cuerpo, unifica tu visión y la armonía del Cielo vendrá a ti. Ahorra tu inteligencia, simplifica tu juicio y el espíritu permanecerá fijo en ti. La virtud se te mostrará en toda su belleza y el Tao establecerá en ti su morada. Que tus pupilas se asemejen a las del ternerillo recién nacido y no te afanes en averiguar la razón de cuanto acaece.[17]

16   *Ibidem*, VIII.
17.   Zhuang Zi, *Maestro Chuang Tse*, Editorial Kairós, Barcelona, 2007, pág. 222.

Leyendo estos poemas resuenan las palabras del *Libro de Sabiduría* de la tradición de Israel, que define así la sabiduría (*Jokmáh*):

> En ella hay un espíritu inteligente, santo,
> único, multiforme, sutil,
> ágil, perspicaz, sin mancha,
> diáfano, inalterable, amante del bien, agudo,
> libre, bienhechor, amigo de los hombres,
> firme, seguro, sereno,
> que todo lo puede, lo observa todo
> y penetra en todos los espíritus:
> en los inteligentes, los puros y hasta los más sutiles.
> La Sabiduría es más ágil que cualquier movimiento;
> a causa de su pureza, lo atraviesa y penetra todo [...].
> Aunque es una sola, lo puede todo;
> permaneciendo en sí misma, renueva el universo.[18]

La clave de todas estas palabras está en el verso final: «permaneciendo en sí misma, renueva el universo». Expresa la integración de la acción con la no-acción, una sabiduría que, por otro lado, no está en ningún Allí que no sea *Aquí* mismo, dispuesta a ser desposada, como se dice en muchos textos místicos hebreos y también en este:

---

18.   Sab 7, 22-27.

De generación en generación entra en las almas santas,
para hacer amigos de Dios y profetas.[19]

La vía ignaciana también tiene algo que aportarnos aquí. Existe una sentencia atribuida a san Ignacio que, si bien no fue directamente formulada por él, recoge su pensamiento y su modo de proceder: «Actúa como si todo dependiera de ti mas sabiendo que todo depende de Dios».[20] Esta sentencia formulada en clave teísta expresa perfectamente la intuición advaita: lo humano y lo divino, lo relativo y lo absoluto, *samsara* y *nirvana* son inseparables. Por un lado, en tanto que existentes, somos responsables de las decisiones que tomamos para responder de la mejor forma posible a cada situación. Así piensa Occidente. Pero, por otro lado y al mismo tiempo, lo que somos forma parte de un proceso y movimiento mucho mayor que sobrepasa nuestra pequeña perspectiva o intención autorreferidas; pretender saber lo que nos conviene o lo que conviene a otros es vanidad. Así piensa Oriente. Sostener ambas cosas a la vez es la senda estrecha que conduce a la Vida a través de la vida.

Esto mismo es lo que trata de transmitir Nararjuna en sus

19. Sab 7, 27.
20. La versión más extensa de la fórmula dice: «Fíate de Dios como si todo el éxito de tus asuntos dependiera de ti y nada de Dios y, sin embargo, dedícales todo tu esfuerzo, como si tú no tuvieras que hacer nada y Dios solo lo hiciera todo». Para una explicación detallada de su significado y de las diferentes versiones que existen me remito a: Gaston Fessard, *La dialéctica de los Ejercicios de San Ignacio de Loyola*, Editorial Mensajero-Sal Terrae, Bilbao-Santander, 2010, págs. 383-456.

Versos sobre los fundamentos del camino medio. Dedica el capítulo VIII a explicar la dialéctica entre el hacer y el no hacer:

> El actor real no realiza una acción real
>
> ni tampoco el actor irreal realiza una acción irreal.
>
> [...]
>
> La acción depende del agente y el agente depende de la acción
>
> [...]. De esta manera debe entenderse la apropiación: en términos de negación [eliminación] del acto y del agente.[21]

De un modo abstracto, lo que Nararjuna trata de transmitir es la esencia del budismo: la insubstancialidad del sujeto de la acción y de la acción misma, pero no por ello son inexistentes, porque hay un modo de actuar y de vivir que lleva a la liberación y a la iluminación, mientras que hay acciones y modos de vivir que llevan en dirección contraria. Por tanto, la acción no es insignificante. La clave está en comprender que actor y acción dependen uno de la otra, que son interdependientes: el actor existe en cuanto actúa, y toda acción es realizada por un actor. De este modo no hay apropiación de ninguno de los dos porque cada uno precisa del otro: la

21.   Nagarjuna, *Versos sobre los fundamentos del camino medio* (traducido y editado por Abraham Vélez de Cea), Editorial Kairós, Barcelona, 2003, VIII, 1 y 12, págs. 79-82, y *Fundamentos de la vía media* (traducido y editado por Juan Arnau Navarro), Siruela, Madrid, 2003, págs. 97 y 99.

acción nos hace, nos afecta, nos determina, a la vez que ella no puede ser realizada si no hay alguien que la lleve a cabo y la configure a su modo. No hay un yo separado del acto que pueda dominarlo, sino que somos hechos por eso mismo que hacemos en cada acto. Esta radical interdependencia comporta llevar la atención y la intención a un lugar que no procede del yo autorreferido, a un modo de hacer que se convierte en un no-hacer.

Nisargadatta lo expresa de este modo:

> Hay una diferencia entre el trabajo y la mera actividad. Toda la naturaleza trabaja. El trabajo es la naturaleza, la naturaleza es trabajo. En cambio, la actividad está basada en el deseo y el miedo, en el ansia de poseer y gozar, en el miedo al dolor y a la aniquilación. El trabajo es del todo para el todo; la actividad es de uno mismo para uno mismo.[22]

Claudio Naranjo, en su análisis sobre los distintos tipos de cuentos que reflejan el paradigma patriarcal (la intención dominada por la acción y el logro) y el matriarcal (la respuesta espontánea a cada situación), recoge un fragmento de un diálogo de un cazador con una sirena:

---

22. Nisargadatta, *Yo soy Eso, op. cit.*, pág. 305.

La sirena le contaba acerca de su infancia, de su familia y de su hermana, la que había muerto y, sin embargo, parecía no querer recobrar su pasado. El cazador le preguntó asombrado:

–¿No desearías que tu hermana estuviera aquí?

La sirena respondió:

–Ella estaba entonces. ¿Por qué quieres que esté también ahora? Hoy es una ola y mañana la siguiente para nosotros, los habitantes del mar; nos guste o no, el mar lava todo, se lleva todo. Cuando mi hermana murió, el día siguiente ya había olvidado y me sentía feliz.[23]

Este olvido puede ser banalidad e inconsciencia o la suprema sabiduría de la ligereza que no se agarra a nada porque se sabe sostenida por la Vida, que es mayor que cualquier agarradera. En verdad, todo acto o afirmación son vivificantes o nefastos según el momento y la persona que los vive. Detrás de todo hacer o no-hacer, lo que está en juego es nuestro ser esencial. Cuando se está en él, las acciones que surgen también son esenciales, mínimas y sobrias.

* * *

---

23.   Del libro *La familia animal* de Randal Jarrell, citado por: Claudio Naranjo, *El niño divino y el héroe*, Desclée de Brower, Bilbao, 2014, pág. 23.

Una sutil senda recorre el linde
    entre las laderas
        del hacer y del no-hacer,
          del dejarse hacer
          sin dejar de hacer

        para seguir ascendiendo
          y también
           saber
             descender.

No reducirse a lo que hacemos,
    sin dejar de entregarnos
        plena y constantemente
          en lo que hacemos.

Dejar ser
    para seguir creciendo
        y decreciendo,
          dando
           y recibiendo

        en cada paso

        que nos va haciendo
          y des-haciendo
           para Otramente ser.

Soltar el dominio sobre las personas y las cosas
    permitir que caminen por sí solas
        sin pretender
          que se conformen a nuestra norma.

Soltar
　　Caer

Dejar ir nuestras medidas
　　libres de tasas y mesuras
　　　　para poder ser alcanzados
　　　　　　por Otra Desmesura

　　que desciende hasta nosotros

y en nosotros toma forma
　　sin esperar otra cosa
　　　　que disponibilidad y apertura.

7. De saber a no-saber

Iluminar con el Tao
es como oscurecer.

LAO-TSE

Pensamos que sabemos y mientras estamos convencidos de ello no podemos ir más allá de lo que conocemos. Nuestro saber delimita un espacio que, al mismo tiempo que nos permite habitarlo y recorrerlo, nos encierra en él. La evidencia de lo que creemos conocer nos impide ir más allá de lo que controlamos. Solo soltándolo se pueden abrir nuevos espacios inéditos en los que es necesario perder pie.

Más allá de lo evidente

Existe un relato dentro de la tradición budista Theravada que ilustra la confusión entre el campo del saber y del no-saber:

El Buda estaba sentado en silencio en medio de una gran asamblea y le dijo a la muchacha que había permanecido de pie todo el tiempo:

–Muchacha, ¿de dónde vienes?

–No lo sé, señor.

–¿Dónde vas?

–No lo sé, señor.

–¿No sabes?

–Sí sé, señor.

–¿Sabes?

–No sé, señor.

Estas fueron las cuatro preguntas que hizo el maestro y la multitud murmuró:

–¡Qué vergüenza! La hija del tejedor habla con el Iluminado de lo que ella quiere. No hay duda de que, cuando le preguntó de dónde venía, ella debía haber contestado que de casa del tejedor, y cuando se le preguntó a dónde iba, debía haber dicho que al taller del tejedor.

El maestro acalló la multitud y dijo:

–Muchacha, cuando te pregunté de dónde venías, ¿por qué dijiste: «No lo sé»?

–Señor, vos sabéis que vengo de casa del tejedor, y al preguntarme de dónde vengo, me estabais preguntando de dónde venía antes de renacer aquí.

El maestro le dijo:

–Bien dicho. Has explicado la pregunta que te hice.

Y expresando su aprobación preguntó de nuevo:

–Cuando te pregunté a dónde irás, ¿por qué me dijiste no saberlo?

–Señor, vos sabéis que cogeré la cesta de la lanzadera e iré

al taller del tejedor; lo que me preguntasteis fue dónde renaceré cuando me vaya de aquí, y yo, señor, no sé dónde renaceré
cuando me muera.

Entonces dijo el maestro:

–También has aclarado esta pregunta.

Y expresando su aprobación siguió preguntando:

–Entonces, ¿por qué dijiste «no sé» cuando te pregunté si
sabías?

–Yo sé que moriré, señor, pero si moriré tal o cual día, si por
la noche, durante el día o al alba, es algo que yo no sé y por eso
hablé así.

El maestro le dijo:

–También has aclarado esta pregunta.

Y expresando su aprobación por cuarta vez, se dirigió a la
asamblea:

–Ninguno de vosotros sabéis de qué estaba hablando la muchacha y, sin embargo, murmurasteis. Aquellos que no tienen
el ojo de la sabiduría, están ciegos y los que tienen el ojo de la
sabiduría ven. Y añadió:

El mundo está ciego y no ve,

pocos son los que tienen una visión clara,

al igual que son pocos los pájaros que escapan de la red,

pocos son los que alcanzan el cielo.[1]

---

1. *El camino del Nirvana*. Antología de textos del Canon Pali, selección de E.J. Thomas,
    Edaf, Madrid,1997, págs. 78-79.

Resuenan aquí las palabras de Jesús que ya aparecían en el primer capítulo: «Les hablo en parábolas porque miran sin ver y escuchan sin oír ni entender» (Mt 13, 14-15). Y es que confundimos dos planos radicalmente distintos: lo evidente, calculable, predecible y controlable, y lo intangible, impredecible y radicalmente abierto que desbarata la pretensión de nuestro control. En la cosmovisión tolteca mexicana se corresponde al tonal y al nagual.[2] El conocimiento que sirve para el ámbito de la supervivencia y de la necesidad es un impedimento para abrirse al *otro* lado de las cosas. La muchacha sabe eso, y por ello responde correctamente a lo que el Buda le pregunta, mientras que los demás no entienden nada de ese diálogo. Como hace el Buda con la muchacha, también Jesús enaltece a los humildes:

> Te bendigo, Padre, porque has ocultado estas cosas a los sabios y entendidos y las has revelado a los pequeños y sencillos (Mt 11, 21).

Por esta misma razón, Jesús elogia a los niños, diciendo que solo ellos entrarán en el reino de los cielos (Mc 10, 14) porque están abiertos al asombro del no-saber. El niño encarna

---

2.   Me remito a los inolvidables aunque controvertidos diálogos de Carlos Castaneda con don Juan, el anciano del pueblo originario yaki de México, particularmente al cuarto volumen, donde se mencionan explícitamente estos dos términos. Cf. *Relatos de poder*, FCE, México, 1974.

«la divina pequeñez, una cualidad de no-interferencia, una vacuidad que permite que cada cosa encaje perfectamente en su lugar y que, desde el punto de vista del ego grandioso, es una nada despreciable» comenta Claudio Naranjo.[3] Por ello, la sabiduría de los sabios es necedad, como expresó san Pablo: «Lo que parece absurdo en la obra de Dios es más sabio que la sabiduría de los hombres y lo que parece débil en la obra de Dios es más fuerte que los hombres» (1Co 1, 25).

Este otro relato budista –ahora de la tradición zen– ilustra el salto que requiere este otro modo de comprensión:

Ashvaghosha, el decimosegundo patriarca, preguntó en cierta ocasión a su maestro:

–Deseo conocer al Buda. ¿Qué es el Buda?

–Quieres saber lo que es el Buda –puntualizó su maestro–, pero el Buda es quien no sabe.

–¿Cómo puedo saber entonces lo que es el Buda, si el mismo Buda es no saber?

–Pero ¿cómo puedes saber lo que no es el Buda si ignoras lo que es el Buda?

–Es como una sierra –sentenció Ashvaghosha.

–¡No, más bien es como la madera! ¿Qué quieres decir tú cuando afirmas «es como una sierra»?

---

3. Claudio Naranjo, *op. cit.*, pág. 50.

–Quiero decir que tú y yo estamos alineados como los dientes de una sierra.

–Pero ¿qué significa tu afirmación: «es como una madera»?

–¡Quiere decir que te cortaré en dos! –sentenció su maestro y, ante aquella respuesta, Ashvaghosha experimentó un súbito despertar.[4]

La discusión mental y absurda de la primera parte del diálogo se desplaza a un lenguaje simbólico, donde aparece la sierra (el dinamismo de la acción) y la madera (la densidad de lo pasivo) para alcanzar su clímax con la irrupción de la alusión personal: «¡Te cortaré en dos!». Esta respuesta inesperada y abrupta interrumpe el discurso especulativo y produce un cambio de nivel que permite a Ashvaghosha dar un salto cognitivo. Esta es la función del *koan* en la práctica zen.

La ignorancia del Buda –«el Buda es quien no sabe»– no es la misma que la del necio, que significa precisamente «el que no sabe». El problema del necio no es que no sepa, sino estar convencido de que sabe sin saber. De nuevo es la misma dificultad que aparece en los Evangelios ante la gente oficialmente religiosa de aquel tiempo. Jesús había sanado a un ciego de nacimiento en sábado, pero en sábado no se podía hacer ninguna acción significativa. Lo que había comenzado siendo una norma liberadora para Israel

---

4. Maestro Keizan, *Denkoroku*, Editorial Kairós, Barcelona, 2006, pág. 132.

–descansar (*sabbath*) un día a la semana para atender a lo Esencial– había acabado convirtiéndose en una obligación esclavizadora en contra de la vida. Tal es la perversión de la religión cuando *sabe* demasiado: «Vosotros decís que veis, pero estáis ciegos. Por esto sois culpables» (Jn 9, 41). Culpables significa responsables. Cuando estamos blindados en nuestra seguridad somos incapaces de dejarnos cuestionar. Por esto es tan liberador no-saber.

Jean Klein lo expresa con estas palabras:

> La humildad aparece cuando no hay ninguna referencia a un yo. Este vacío es el factor sanador de cualquier situación. «Permanece abierto a la apertura» dice Heidegger. Permanece abierto a la no-conclusión. En esta apertura, la situación ofrece su propia solución y abiertos la recibimos. Con frecuencia, cuando la solución aparece, la mente interfiere y la pone en duda.[5]

La necedad del «yo sé»

Tal vez una de las aportaciones más significativas de Krishnamurti sea su reticencia a fiarse del conocimiento convencional:

---

5. Jean Klein, *Quién soy yo. La búsqueda sagrada*, *op. cit.*, pág. 7.

La constante acumulación de informaciones, la adquisición de diversas formas de conocimiento, todo eso constituye la afirmación «yo sé»; y empezáis interpretando lo que habéis leído, según vuestro pasado, vuestro deseo, vuestra experiencia.[6]

Quedamos atrapados en este saber porque pertenece a algo que ya sucedió. La vida irrumpe en cada momento de un modo nuevo, y eso que irrumpe todavía no lo conocemos:

Si uno dice «yo sé», solo conoce algo muerto, que ya pasó, que ha terminado, que es el pasado. No es posible conocer algo que está vivo; se mueve. Nunca es lo mismo. Nunca puedo decir que conozco a mi esposa, a mi esposo, a mis hijos, porque son seres vivos.[7]

Se comprende el desahogo de Henry D. Thoreau: «¡Es tan difícil olvidar todo eso que es inútil guardar en la memoria!».[8] Lo que está en juego es abrirse a un tipo de cognición que no es mental, sino integral. Ardua tarea en nuestra cultura porque está construida sobre las certezas y seguridades de un razonamiento lógico, causal y analítico

---

6. Krishnamurti, *La libertad primera y última*, Editorial Kairós, Barcelona, 2006, pág. 61.
7. «La tradición es algo muerto» (22 de febrero de 1974), Krishamurti 62, archivo de vídeo (2016) en: https://www.youtube.com/watch?v=nyYffqlyamg&t=1005s.
8. H.D. Thoreau «Una vida sin principios», en: *Desobediencia civil y otros escritos*, *op. cit.*, pág. 73.

que avanza secuencialmente agarrado a sí mismo, cuando de lo que se trata es de soltar la mente y abrirse a todo lo que está disponible más allá de su dominio. Nisargadatta se impacientaba cuando tenía ante sí interlocutores demasiado convencidos de sus posicionamientos y cuyas preguntas no eran más que síntomas de sus prisiones:

> ¡Siéntase perdido! Mientras se sienta competente y seguro, la realidad está más allá de su alcance. A menos que acepte la aventura interior como modo de vida, el descubrimiento no llegará a usted.[9]

La tentación de toda religión es pretender encerrar el misterio y la vida en un sistema. Los místicos nos liberan. En esta tentación también ha caído nuestra cultura racionalista y calculadora tal como lo expresaba otro poeta, Thomas S. Eliot:

> ¿Dónde está la Vida que hemos perdido viviendo?
> ¿Dónde está la sabiduría que hemos perdido en conocimiento?
> ¿Dónde está el conocimiento que hemos perdido en información?
> Los ciclos del Cielo en estos veinte siglos
> nos han alejado de Dios y nos han acercado a la muerte.[10]

---

9. Nisargadatta, *Yo soy Eso, op. cit.*, pág. 797.
10. «Choruses from The Rock», en *Collected Poems 1909-1962*, Faber & Faber, Londres, 1985, pág. 161.

Severa sentencia sobre nuestro tiempo que solo puede ser formulada por quienes hayan entrevisto destellos de ese Otro conocer «que nos deja balbuciendo». Los sabios orientales hablan también de lo mismo. Dogen, el gran maestro zen del siglo XIII, continuamente apela en su *Shobogenzo*[11] a la vía del no-saber:

> Conocer la vía del Buda es conocerse a sí mismo,
> conocerse a sí mismo es olvidarse de sí mismo,
> olvidarse de sí mismo es ser todas las cosas.[12]

El paso de *conocer* a *ser* únicamente se puede dar soltando lo conocido y dejando caer lo que uno creía ser. Los contenidos mentales proporcionan datos para el yo superviviente, pero eso mismo es lo que nos impide ir más allá de lo evidente; es decir, de nuestra supervivencia. Inicialmente, todo conocimiento surge para responder a una necesidad. Pero para entrar en ese otro modo de conocimiento hay que estar dispuesto a perderse. *Neti, neti!*, «¡No es esto, no es esto!», repiten continuamente las *Upanishads*.[13] Cuando *Eso* se convierte en un *esto*, queda reducido a un objeto. Todo *esto* está excedido por un *Eso*, pero para ello hay que

---

11.   «Tesoro del ojo del verdadero *Dharma*», una extensa obra que se puede considerar casi la biblia del zen.

12.   *Genjokoan* (inicio del *Shobogenzo*), VIII, en:www.edmilenio.com/media/doc; y en: Zendodigital.net, Nueva época, 2, abril-junio de 2003.

13.   Cf. *Brihadaranyaka Upanishad* II, 3, 6; III, 9, 26; IV, 2, 4; IV, 4, 22; IV, 5, 15.

soltarlo, dejar de pretender poseerlo. Solo se abre cuando nosotros nos abrimos:

> Por quien no es conocido es conocido,
> por quien es pensado no es captado,
> desconocido para el que lo conoce,
> conocido por el que no lo conoce.
> (*Kena Upanishad* II, 3).

Del mismo modo Lao-Tse dice que «iluminar con el Tao es como oscurecer»,[14] porque su claridad es diferente del conocimiento mental-racional, dispuesto según una secuenciación de causas y efectos predecibles. Aquí, las causas son mucho más remotas y los efectos también, de manera que no se puede seguir la pista de su *lógica*, porque su escala desborda al *logos* humano:

> Oscurear la oscuridad,
> tal es la puerta de toda maravilla.[15]

También Margarita Porete experimentó la libertad y la sabiduría de no saber nada:

---

14. Poema XLI. Las versiones difieren según las traducciones: la presente procede de Visor Libros, *op. cit.*, «El tao, en su brillo, parece oscuro», Siruela, Madrid, 1998; «El Tao, siendo luz, aparece oscuro», Ibis, Sant Boi de LLobregat, Barcelona, 1997, etc.
15. *Lao-Tse, op. cit.,* I.

Los que no tienen en absoluto voluntad viven en la libertad del amor. A quien les preguntase qué quieren, le dirían que no quieren nada. Los que son así han alcanzado el conocimiento de su nada porque no pueden conocer nada de su nada. Su conocimiento fue demasiado pequeño para conocer esa pérdida. Pero han alcanzado la creencia en el «más» y todo el conocimiento de esa creencia reside en que nada puede conocerse.[16]

Ya vimos a qué se refería Porete con este *más*:[17] solo lo pueden conocer los que saben «que no conocen nada», abiertos a un saber que no depende de ellos ni proviene de lo que ya saben, dejando que cada momento desvele lo que contiene, sin anticiparse, sin preverlo, dejando que irrumpa en ese ahora lo que desea manifestarse y no ser obstáculo para ello:

Esta alma no sabe más que una cosa: que no sabe nada. Así no quiere más que una cosa: no querer nada. Y este no saber nada y no querer nada le dan todo… y le dejan encontrar el tesoro oculto y escondido que eternamente encierra la Trinidad.[18]

En la cosmovisión cristiana, la Trinidad significa la totalidad, porque la expansión triádica de la divinidad contiene toda la realidad: el Padre como Fuente, el Hijo como recep-

---

16.   Margarita Porete, *op. cit.*, cap. 45, pág. 97.
17.   Cf. Supra, cap.6, pág. 128.
18.   *Ibidem*, cap. 42, pág. 93.

táculo y el Espíritu como dinamismo de comunión y flujo entre todo lo que existe. Este tesoro oculto y escondido está, al mismo tiempo, continuamente manifiesto y expuesto porque es la Realidad misma en la que nos movemos:

> Cuando el alma no está en parte alguna por ella misma, ni en Dios ni en ella, ni en su prójimo, sino en el anonadamiento que ese Relámpago opera en ella por la proximidad de su propia obra, que es tan preciosamente noble que, al igual que no puede hablarse de la abertura al movimiento de gloria que dispensa ese Relámpago gentil, del mismo modo nada sabe decir Alma alguna de ese precioso cierre en el que ella se olvida por anonadamiento del conocimiento que ese anonadamiento se prodiga a sí mismo.[19]

Este anonadamiento del alma es lo que le permite ser atravesada por ese «Relámpago gentil», esa inagotable reserva de Vida que hay en Dios. Muy probablemente, el Maestro Eckhart tenía presente lo que había leído en el *Espejo de las almas simples* de Margarita Porete cuando pronunció el *Sermón de los pobres de espíritu*:

> Es pobre el hombre que no sabe nada […]. Debe estar vacío de todo conocimiento que habite en él […] y vacío de sí mismo, tal como era cuando todavía no era [cuando estaba en el ser eterno

---

19. *Ibidem*, cap. 59, pág. 109.

de Dios] y así dejar actuar a Dios como desee, manteniéndose él del todo vacío.[20]

La libertad de no-saber

Hay que remontarse hasta el Lugar originario que es anterior a todo lo que podemos concebir. De este modo nos acercamos a san Juan de la Cruz, que fue conocedor de la tradición que le precedía sobre el no-saber, no-tener y no-ser, y que reformuló de manera magistral en unos versos que resuenan como el eco de los pasos que se encaminan hacia la cima del Carmelo, monte teofánico de la tradición místico-profética de Israel, donde se funda el linaje carmelitano:

> Para venir a gustarlo todo,
> no quieras tener gusto en nada;
> para venir a poseerlo todo,
> no quieras poseer algo en nada;
> para venir a serlo todo,
> no quieras ser algo en nada.
> Para venir a saberlo todo,
> no quieras saber algo en nada.

20.   Maestro Eckhart, *El fruto de la nada*, Siruela, Madrid, 1998, pág. 77 (con pequeñas variaciones mías).

Esta nada es el necesario reverso de lo *aquí* gustado, poseído, sido y sabido para ser conducidos a *otro* gustar, saber,
poseer y ser que se hallan *Aquí* mismo. Por ello no hay que
ir a ninguna parte, sino que hay que *venir*:

> Para venir a lo que no gustas,
> has de ir por donde no gustas;
> para venir a lo que no sabes,
> has de ir por donde no sabes;
> para venir a lo que no posees,
> has de ir por donde no posees;
> para venir a lo que no eres,
> has de ir por donde no eres.[21]

No puede ser de otro modo si realmente queremos acceder
al *Aquí-oculto* en el *aquí-evidente*. Rumi nos recuerda que
«ningún origen se asemeja al lugar a donde conduce».[22] Por
ello hay que hacer un voto de confianza y partir sin saber a
dónde se llegará. Conocemos el punto de partida, pero no el
de llegada. Rabindranath Tagore dice lo mismo a su modo:
«El árbol es concomitante a la semilla, pero no evidente».[23]
Lo inherente no es aparente. Por ello hay que atreverse a

21. San Juan de la Cruz, «Subida al monte Carmelo», en: *Obras completas*, Editorial
     de Espiritualidad, Madrid, 1993.
22. Coleman Barks, *op. cit.*, pág. 86.
23. Rabindranath Tagore, *Sadhana*, Fragmenta Editorial, Barcelona, 2012, pág. 79
     (traducción personal del catalán).

desprenderse de lo obvio para llegar a la raíz. Así pudo escribir Juan de la Cruz:

> Entréme donde no supe,
> y quedéme no sabiendo
> toda ciencia trascendiendo.[24]

Los versos que prosiguen van desglosando el sabor y la embriaguez de un conocimiento que es un «entender no entendiendo», un «quedarse siempre no sabiendo«, un «saber no sabiendo», un «quedar no entendiendo», «una cosa tan secreta que me quedé balbuciendo», una ciencia que «irá siempre trascendiendo». No es posible detenerse, porque detener es retener, y la Vida en su libertad y su misterio no lo permiten. En palabras de Rumi:

> Tenemos caminos
> dentro de cada uno de nosotros
> que jamás nadie comentará.[25]

¿Seremos capaces de recorrerlos? ¿O ya los estamos recorriendo sin saberlo? Descubrirlo supone cultivar una actitud que no nos es espontánea porque nos hallamos en un estadio

---

24. San Juan de la Cruz, «Coplas hechas sobre un éxtasis de harta contemplación», *op. cit.*, págs. 81-83.
25. Coleman Barks, *op. cit.*, pág. 60.

evolutivo todavía fascinado por la conquista de la razón. Nos autodenominamos la especie *Homo sapiens sapiens*, dos veces sabedores, no porque sepamos muchas cosas, sino porque somos conscientes de saberlas. Respecto a la mera fuerza y destreza corporal, la inteligencia supuso un avance en la especie humana y de ella ha surgido la civilización científica y tecnológica en la que vivimos. En nuestra cultura actual, no saber, desconocer lo que tenemos ante nosotros nos deja una sensación de invalidez e indefensión, tal como en el Paleolítico las primeras observaciones y experimentaciones técnicas y razonamientos lógicos de algunos de aquellos ancestros pudieron parecer extrañas y poco eficaces ante el predominio del uso de la fuerza física. Del mismo modo, estamos inaugurando una manera nueva de estar ante el mundo diferente de la que conocíamos hasta ahora, basada en la acumulación y procesamiento de la información. Lo que está emergiendo es un conocimiento que proviene de la plena apertura al presente y que incluye nuestra autoconsciencia, lo cual otorga un saber que no es procesado por el lóbulo frontal, sino que comporta una presencia integral que requiere todo el cerebro y que está más allá del cerebro. Para la mente, es un no-saber, pero la peculiaridad de este conocimiento es la que nos puede hacer trascender el estadio civilizatorio en el que nos encontramos más allá de la supervivencia corporal y de los cálculos mentales. Se trata del conocimiento del *tercer ojo*, que incluye los dos anteriores (el corporal y el mental), pero que los trasciende.

Haciéndose eco de una tradición milenaria tanto de Oriente como de Occidente, Raimon Panikkar abunda en sus escritos refiriéndose a este tercer modo de conocimiento, e insiste en que el *tercer ojo* requiere la apertura y participación de los otros dos para lograr un conocimiento integral. Los tres ojos son necesarios y se complementan entre sí. Insistía en estar despiertos y atentos a las tres dimensiones:

> Los tres ojos de la tradición con los que vemos y experimentamos el mundo –el de los sentidos, el de la mente y el del espíritu– solo nos dan una visión no deformada de la realidad cuando los mantenemos los tres abiertos al mismo tiempo.[26]

Una vez más, la llamada a la apertura plena donde todos los planos de la realidad son convocados porque todos son necesarios. De otro modo no existirían. Nuestra existenciación crece en la medida en que es capaz de abrazar más realidad. Para ello, hemos de ser capaces de soltarla al mismo tiempo.

* * *

26. Raimon Panikkar, *Espiritualidad, el camino de la Vida. Opera Omnia*, vol. I/2, Herder Editorial, Barcelona, 2016, pág. 205.

Aferrados a lo que conocemos,
nos privamos del frescor de perdernos
en lo que nos queda por recorrer.

Al no saber que ignoramos,
quedamos confinados
en la necedad
de lo que controlamos.

Pretender saber nos da un poder
que se apodera de nosotros
impidiéndonos otros modos
de acceder
a Lo-que-late
silente
por doquier.

Solo podemos conocer
con-naciendo.

Abandonemos
nuestros almacenes saturados,
dejemos que broten
cimas de los tejados
que espacien nuestro ver.

Comprendamos que no comprendemos,
aprendamos a desaprender,

dejémonos conducir
a pastos inéditos
por otras laderas de entender.

8. Del juicio a la bendición

Cuando la mente está esclavizada,
la verdad se oculta y todo es turbio y confuso,
y el agobiante hábito de juzgar
trae disgusto y desánimo.

SENG-TS'AN

El juicio somete la realidad a nuestras estrechas categorías. Al juzgar, sentenciamos, y al condenar, nos condenamos a nosotros mismos porque nos privamos de que los demás y la realidad nos sorprendan y nos bendigan con todo aquello que no sabemos ver de ellos. Los amordazamos con nuestra limitada rejilla y los reducimos a nuestro tamaño, quedando también nosotros confinados a nuestra incapacidad de ver. Carl Jung decía que, porque nos cuesta pensar, juzgamos. El juicio surge de nuestra pereza, no solo de pensar, sino de nuestra pereza de ser y de dejar ser.

El juicio

El juicio surge de nuestra rigidez, de todo aquello que hemos reprimido de nosotros mismos. Cuando lo vemos desatado en los demás, nos irrita, porque el otro se permite lo que yo no me permito. Darse cuenta de esta proyección es el primer paso para liberarse de este ciego mecanismo que nos condena a la repetición y a la obsesión.

Hay dos relatos en los Evangelios que ilustran lo que está en juego en un juicio: la mujer pecadora (Lc 7, 36-50) y la mujer adúltera (Jn 8, 1-11). En ambos casos se presenta la misma estructura: una víctima femenina, unos acusadores masculinos y un observador, Jesús, al que se le exige que se defina. Las dos mujeres representan inmediatez de la vida que se expresa en el cuerpo y en el instinto que transgrede la norma; ambas resultan amenazadoras para la instancia masculina, que detenta el orden mental que se expresa en la ley. Representa el dominio del patriarcado, que ha sido la estructura predominante de las religiones instituidas. Jesús es la figura mediadora. Entra en contacto con la primera mujer a través del lenguaje corporal y femenino, aceptando que le lave los pies con sus lágrimas y los seque con sus cabellos. En la segunda escena, Jesús toma partido por la mujer acusada agachándose hasta tierra; con este gesto no solo se acerca a ella, sino también a lo femenino que es la tierra, a la vida que nace de ella antes de que la razón nos aleje, nos escinda y nos convierta en fiscales de un mundo construido por nuestras ideas. Estos acercamientos hacen que Jesús se sitúe y vea de otro modo. En ambas escenas, Jesús y las mujeres están prisioneros en el cerco trazado por la ley y por la sospecha. Y, en ambos casos, Jesús tiene una respuesta que libera tanto a las mujeres como a los hombres del juicio y de la condenación, porque es capaz de hacer ver a la persona que hay en todos ellos. No se decanta ni por el instinto (lo femenino) ni por la ley (lo masculino), sino por lo común que hay en ambos y que nos trasciende a todos: el misterio de cada uno, la irradiación única de cada existencia. El juicio despersonaliza y no solo anula al otro, sino que también arrastra al exterminio de uno mismo, así como supone el oscurecimiento del Otro porque cada persona es una epifanía única del Único. Todos perdemos cuando eliminamos una expresión de la vida, cuando anulamos un destello del Rostro que hay en cada rostro.

Jesús invitaba a ser «perfectos como vuestro Padre del cielo es perfecto [...], que hace salir el sol sobre buenos y malos y hace llover sobre justos e injustos» (Mt 5, 45.48), es decir, a ir más allá de las categorías duales. El término griego *teleioi* («los que han alcanzado el final») deja claro que no está hablando de una perfección moral, porque entonces caeríamos en lo que precisamente se trata de evitar –tensar la cuerda en función de un ideal imposible y discutible, porque todo código moral es relativo a un grupo y a un tiempo–, sino en su sentido etimológico: *per-factus*, hechos plenamente acabados, capaces de abrazar la totalidad como Dios la abraza.

«Es el hecho de juzgar lo que nos torna miserables» dice David Carse.[1] No somos conscientes de hasta qué punto estamos juzgando continuamente y de que todo juicio condenatorio es, en verdad, un exterminio del otro. La autoafirmación endurecida del yo no deja espacio a los demás. No los deja ser. Los elimina. Somos seres relacionales y nuestras mutuas miradas nos destruyen o nos recrean. Todos estamos necesitados de ser reconocidos en lo que realmente somos. Y este reconocimiento debe ser recíproco. Solo así se pueden establecer unas relaciones sanas y maduras. Pero reconocer al otro no significa confundirse con él, porque eso lleva a la alienación. Reconocer implica reconocerse en la diferencia y ser capaces de celebrarla y sostenerla.

Si algún voto hubiera de hacer toda la humanidad, sería el de bendecir. «Decir bien», siempre bien-decir, en lugar de tanta palabra tóxica que nos lanzamos mal-diciéndonos unos a otros con demasiada frecuencia sin que nos demos cuenta. En el ashram de Gandhi, constituido por los que los *sathyagraha*, «los buscadores o los comprometidos con la verdad», velaban por que ninguno de sus pensamientos pudieran ofender a sus adversarios.

Para poder reconocer y bendecir a los demás hemos de haber sido liberados de nuestros propios tribunales internos. Lo que no soportamos de nosotros lo arrojamos fuera. No

---

1.   David Carse, *op. cit.*, pág. 275.

lo percibimos porque somos prisioneros de nosotros mismos. Somos nuestros primeros reos. No podemos sostener la presión que proviene de un remoto y desconocido dolor; antes de que nos destruya, lo expulsamos. Pero al hacerlo, nos exiliamos de nosotros mismos impidiéndonos reconocer lo que estamos rechazando. También estamos desterrando a los demás a ese lugar inhóspito donde no hay rostros. No nos damos cuenta hasta qué punto estamos emitiendo sentencias sobre cómo deberían ser las cosas o los otros, tensos y crispados también sobre nosotros mismos. En nuestra infancia nos costó reprimir muchas sensaciones socialmente inadecuadas para poder ser aceptados y ahora imponemos esas mismas condiciones a los demás porque desconocemos otro modo de relación que no esté sujeto a querer cambiar al otro para que se acomode a mi modo de ver las cosas. Hay un severo yo –que Freud identificó como el superyó– que continuamente está castigando al yo cuando se deja llevar por el *ello* –las pulsiones del subconsciente–. En otro lenguaje, las leyes del patriarcado tienen sujetas la espontaneidad del matriarcado. Aunque simplificaríamos en exceso al identificar el juicio con lo masculino y la bendición con lo femenino, no deja de ser cierto que lo masculino tiene que ver más con un patrón al que responder (o a imponer) mientras que lo femenino está más cerca del amor incondicional capaz de acoger. Podríamos decir que el patriarcado estaría regido por las leyes de la trascendencia mientras que el matriarcado lo está por las leyes de la inmanencia. El modelo del patriarcado tiende a ser una ley sin rostro, mientras que el modelo del matriarcado corresponde a una incondicionalidad sin forma. Rostro y límite se requieren para alcanzar y reconocer el destello único de cada Rostro con Forma. De aquí que debamos superar esta dualidad. Podemos bendecir y no por ello dejar de discernir.

El discernimiento no juzga ni condena a las personas, sino que identifica los actos y los abarca desde una visión más amplia, percibiendo de dónde proceden y a dónde conducen. El discernimiento da contexto vital a cada actuación a partir de ella misma, mientras que el juicio se aleja y elimina el reconocimiento del rostro de cada uno en nombre de la abstracción de lo que «ha de ser».

La culpa

Otro de los bloqueos que padecemos y que más nos condicionan psíquica y culturalmente es el sentimiento de culpa. Sin que nos demos cuenta ni tal vez le pongamos este nombre, sigue estando presente en nuestra sociedad secularizada porque se trata de un mecanismo psíquico que no proviene de la religión –si bien innegablemente las religiones lo han fomentado–, sino de nuestras relaciones parentales en el marco de las sociedades patriarcales. Por un lado, necesitamos ser aceptados y reconocidos por nuestros padres o por cualquier instancia que sea tutelar para nosotros; nos va la vida en ello. Por otro lado, experimentamos que nuestras pulsiones y necesidades más íntimas o más vitales entran en contradicción con ese agrado que también necesitamos. Sufrimos la frustración de nuestros impulsos, pulsiones y deseos (nuestra libido), experimentándola como una injusticia, lo cual genera en nosotros una reacción de rabia o incluso de odio contra los progenitores que nos privan o nos prohíben ese goce. En los primeros años de la infancia, todo ello hace sentirnos confusa y angustiosamente culpables. Reprimimos el deseo, el impulso o la pulsión que pujan desde dentro, y cada vez nos alejamos más de nosotros mismos, acabando siendo desconocidos para nosotros mismos porque negamos lo que sentimos al no saber resolver el conflicto.

Desde el punto de vista religioso, esta represión y sentimiento de culpabilidad se desplazan hacia el Ser supremo, como instancia primera y última a la que le «debemos» la vida. El precio que hay que pagar por el don recibido es la permanente obligación de responder con sumisión a unas leyes que la sociedad ha generado para perpetuarse a sí misma. Tanto los padres como Dios son introyectados en el superyó, que se convierte en la instancia interna implacablemente controladora, ya sea que perdure o no la creencia religiosa.

Rechazar nuestros instintos y sentimientos no extingue el combustible que hay en nosotros, lo cual hace que nuestras pulsiones se desplacen hacia otros objetos. Cuanta más represión, más incomprensión de nosotros mismos y más rigidez respecto a las propias pulsiones. De ahí se deriva otro paso: al no ser libres nosotros mismos, no soportamos que los demás lo sean. La mutilación de nuestra espontaneidad hace que sintamos resentimiento contra la espontaneidad y libertad de los demás. Se produce una proyección en la que el rechazo a la propia libertad se convierte en rechazo y culpabilización de los que tienen libertad. Esta es la razón de la dureza de los moralmente «perfectos». Hay una incapacidad intrínseca de conceder el perdón porque se desmoronaría el edificio que tan arduamente ha sido construido a costa de tanta renuncia.

Para perdonar a otros hay que haberse perdonado previamente a uno mismo. Para ello, hay que poder identificar las pulsiones no resueltas; no las visibles, que son derivaciones secundarias, sino las invisibles y primigenias que han quedado camufladas bajo lo que nuestro yo consciente puede tolerar. Ello requiere un continuo trabajo de honestidad cognitiva y afectiva con uno mismo. En la medida en que se hace este trabajo, disminuye el autojuicio, así como el juicio a los demás. Se va descubriendo entonces que no hay nada que juzgar, sino que nos queda todavía mucho por llegar a comprender y, por tanto, por amar.

La herida, la ofensa y el perdón

La incapacidad para el perdón no proviene solo del endurecimiento de la autorrepresión, sino también de la profundidad de la herida o de la ofensa que hayamos recibido. La herida tiene que ver con el cuerpo y la ofensa con el alma, pero como cuerpo y alma son inseparables –aunque distinguibles–, herida y ofensa se acompañan y se nutren o se infectan mutuamente. La persona que se siente permanentemente herida u ofendida no puede perdonar. No solo ha sido golpeada en un momento determinado, sino que ha quedado detenida y secuestrada en ese golpe. De ahí que exista una relación entre la memoria, el olvido y el perdón. La memoria nos constituye como seres humanos, y perderla nos aliena. Es imprescindible distinguir entre una memoria tóxica y una memoria saludable, como también hay un olvido irresponsable y hay un olvido sanador. El siguiente relato de Jorge Luis Borges ilustra en qué medida perdonar implica olvidar:

> Caminaban por el desierto y se reconocieron desde lejos porque los dos eran muy altos. Los dos hermanos se sentaron en el suelo, hicieron un fuego y comieron. Permanecían callados, a la manera de la gente cansada cuando se acaba el día. En el cielo empezaba a brillar alguna estrella, que aún no había recibido ningún nombre. A la luz de las llamas, Caín percibió en la frente de Abel la marca de la piedra, dejó el pan que estaba a punto de llevarse a la boca y le pidió que fuera perdonado su crimen. Abel contestó:
>
> –¿Me has matado tú o soy yo quien te ha matado? Ya no lo recuerdo. Aquí estamos juntos otra vez, como antes.

–Ahora sé que en verdad me has perdonado –dijo Caín–.
Porque olvidar es perdonar. Yo trataré también de olvidar.[2]

Abel olvida la agresión que le hizo su hermano, pero no
olvida que Caín es su hermano. Es más, porque recuerda
lo esencial –que Caín es su hermano–, puede olvidar lo
episódico –¡que Caín le ha matado!–. Este olvido/perdón
viene facilitado por el hecho de que Caín previamente le
ha pedido perdón y Abel ha percibido su arrepentimiento.
Aunque por su pacífica respuesta se puede suponer que
hacía tiempo que Abel estaba reconciliado. Es mucho más
difícil perdonar y olvidar cuando no hay deseo de repara-
ción por parte del agresor y cuando este no pide perdón a
la víctima. Solo puede haber reconciliación cuando hay un
acercamiento por las dos partes. Pero el perdón se puede dar
por el lado de la víctima, la cual, al ofrecerlo, deja de ser
víctima porque se hace recreadora de su propia situación.
Es ella la que puede decidir una cosa u otra; es ella la que
puede transformar esa situación que se le ha impuesto en
un umbral, ya que puede convertirla en un nuevo modo de
vivirse a sí misma. «El perdón es el privilegio de la víctima», constata Leonel Narváez después de muchos años de
participar en los procesos de reconciliación en Colombia.[3]

2.   J.L. Borges, «Leyenda», *Elogio de la sombra*, *Obras completas*, Emecé, Buenos
      Aires, 1996, t. II, pág. 391.
3.   Leonel Narváez, *La revolución del perdón*, San Pablo, Bogotá, 2013, pág. 76.

Por otro lado, «todo conflicto tiene vocación de perdón».[4] *Vocación*, esto es, llamada, posibilidad, latencia, pero hay que dar este paso consciente y libremente para poder cruzar el umbral entre el *aquí* secuestrado por el rencor y el dolor y el *Aquí* que es capaz de convertir en camino de liberación y transformación esa prisión del pasado.

Etimológicamente, perdonar significa «dar sin medida». Proviene del prefijo *per*, que indica acabamiento, completitud (como perfección, *per-facio*, «hacer algo hasta el final»; per-seguir, «seguir algo persistentemente»; etc.) y *donare*, es decir, dar, entregar, ofrecer. Perdonar posibilita restaurar la devastación causada por la ofensa, volver a reiniciar la relación, sanar la herida que, de otro modo, queda abierta e infectada. Da la posibilidad de volver a nacer.

La tolerancia, el respeto y la veneración

Pasar del rechazo a la tolerancia supone crecer en la capacidad de aceptar al otro, pero el centro de gravedad todavía gira en torno a uno mismo. Cuando tolero a alguien, yo sigo siendo la medida de la existencia ajena. Soy yo quien dictamino si soporto o no la presencia del otro.

Respetar implica dar un paso más. El yo ya no está

---

4.   María Prieto Ursúa y col., *Ruanda se reconcilia*, Editorial Mensajero, Bilbao, 2018, pág. 236.

centrado en sí mismo, sino que empieza a gravitar sobre la alteridad. El acento se desplaza hacia la consideración de la existencia de un tú que tiene tanto derecho de existir como yo. Reconozco que solo conozco al otro a partir de mi perspectiva limitada y condicionada. Acepto que no tengo acceso desde otro ángulo, y esto suscita respeto por mi parte, porque mi percepción no lo agota; es más, apenas lo roza. Esto se puede aplicar tanto a las relaciones interpersonales como sociales, políticas, interreligiosas, etc. En el respeto puede empezar a darse el conocimiento, y con él, el mutuo reconocimiento.

Pero todavía queda terreno por avanzar. Lo que realmente permite traspasar el umbral del *aquí* autoafirmativo al *Aquí* abierto a la alteridad es llegar a *venerar* toda existencia, acoger el carácter sagrado de cada ser. Dice Rumi:

> Que la belleza que amamos sea lo que hacemos.
> Hay cientos de formas de arrodillarse y besar el suelo.[5]

Cuando amamos verdaderamente lo propio, podemos apreciar lo ajeno. Nuestra dificultad para reconocer lo que no procede de nosotros radica en que no amamos realmente lo propio, y esto hace que nos sintamos amenazados o molestos por lo ajeno. Venerar es abrirse al reconocimiento

---

5. Coleman Barks, *op. cit.* pág. 58.

de que cada ser es una manifestación única del Único, una expresión que ya ha aparecido varias veces en estas páginas y que debería repetirse a cada momento si queremos convertir cada encuentro en una posibilidad de revelación. La veneración del otro abre un espacio nuevo en la relación, expande a cada persona, ser o cosa que tenemos ante nosotros. Nos abre y los abre. De Dogen nos llegan percepciones tan limpias como esta:

> Cuando escucho solamente
> sin pensar,
> una gota de lluvia
> en el borde del techo,
> soy yo.
>
> Todo sonido que llega a mi oído
> es una voz, la de un amigo.
> Nada existe que no hable.[6]

Todo habla porque todo está vivo y porque todo puede ser recibido desde el mismo lugar en que me recibo: estremecido y agradecido por el milagro de ser, de ser sido y existido.

* * *

6.   Jacques Brosse, *Los maestros zen*, Editorial José J. de Olañeta, Palma de Mallorca, 1999, pág. 185.

Todos los seres son cofres
que custodian su propio secreto,
que solo se muestra
cuando nos acercamos descalzos
inclinándonos ante ellos.

Son pudorosos y tímidos
como gamos y gacelas.

Huyen esquivos hacia sus escondrijos
en la espesura de sí mismos
cuando ven nuestro carcaj cargado de juicios
mientras nosotros quedamos atrapados
en el cepo de la sentencia
que les hemos tendido.

Acorralados por nuestros prejuicios
somos liberados cuando
en lugar de arrojar flechas
los acogemos con inocencia
y con gestos de bendición.

La mirada con la que miramos
es la que nos mira
desde lo que vemos.

Nos devuelve el reflejo
de lo que rebosamos.

Cuando lleguemos a comprender
que no hay yo sin tú
ningún nosotros sin ellos

que todos hemos llegado al mismo tiempo
y que participamos del despliegue
del único Destello,

podremos celebrar
el estremecimiento
de cada encuentro.

9. De la exigencia al agradecimiento

> Aquí hay un niño
> con cinco panes y dos peces.
> ¿Pero qué es esto para tanta gente?
>
> Juan 6, 9

Si el umbral anterior estaba referido a las personas, ahora nos dirigiremos hacia las cosas. Que bendecir (en lugar de juzgar) y agradecer (en lugar de exigir) se conviertan en actitudes habituales hasta llegar a hacerse permanentes permitiría pasar del Exilio al Reino en cada uno de nuestros encuentros. ¿Qué es lo que lo impide?

El trastorno de nuestra condición presente queda reflejado en el mito de los Orígenes que narra la tradición bíblica: la pareja primordial vivía en comunión y en estado de armonía con su entorno en algún *lugar* del Edén. Esa pareja es nuestra condición dual y ese *Lugar* está en todos los lugares, porque no se trata de un sitio, sino de un modo de estar en todas partes: en actitud de receptividad. La distorsión aparece con la pulsión de apropiación: «Se os

ha prohibido probar del fruto del árbol del bien y del mal
para que no se os abran los ojos y seáis dioses como él»
(Gn 3, 4). La sombra de la sospecha oscurece de pronto el
jardín. La semejanza con Dios no era el problema, porque
habían sido hechos «a imagen y semejanza suya» (Gn 1,
26-27). La cuestión era otra: la avidez. La desconfianza
de ser privados de lo que queremos nos convierte de seres
receptivos en seres competitivos. Perdemos la primera inocencia. Al arrancar y arrebatar el fruto del árbol en lugar
de recibirlo, todo es susceptible de ser despedazado. De
este modo tampoco tenemos acceso al Árbol de la Vida
(Gn 3, 22-23) que está plantado en el centro del jardín, en
el corazón de cada criatura, allí donde reside su carácter
sagrado e inviolable. En ese centro sagrado se custodia su
esencia y su secreto. Cuando, en lugar de esperar a que
nos dé su fruto, lo arrebatamos, nos quedamos sin árbol,
sin fruto y sin sustancia que nos alimente. Unos ángeles
con espadas de fuego custodian la entrada del Edén (Gn
3, 24). Solo podemos atravesar el umbral con el corazón
puro. Ello comporta la extinción del ego, donde reside el
giro apropiatorio y posesivo del yo. El paraíso y el exilio
están en el mismo lugar. No hay nada que esté prohibido
por un Ser arbitrario o caprichoso, sino que las leyes del
Ser nos protegen de nosotros mismos. No hay nada que
esté apartado o sea inaccesible si no es porque nosotros
mismos nos apartamos y nos barramos el paso. Lo que
buscamos fuera está en nosotros. Todo está *Aquí*. No lo

alcanzamos hasta que no logramos que el fruto del árbol nazca en nosotros, en lugar de arrebatarlo.

Nuestras avideces y carencias

Los sentidos están dispuestos como sensores del cuerpo para recibir conocimiento de lo que nos rodea y comulgar con ello. Pero no comulgamos, devoramos. En el mejor de los casos, tragamos. Y así es imposible saciarse. Desplazamos nuestra hambre y nuestra sed, y nuestras manos ávidas de tacto van hacia otros objetos buscando nuevas ocasiones sin encontrar descanso. De este modo, miramos sin ver, oímos sin escuchar, tocamos sin palpar.

Como en el caso de nuestros juicios hacia los demás, detrás de nuestras exigencias se esconden experiencias de frustración, carencias remotas que no recordamos ni identificamos, efectos antiguos de episodios en los que nos faltó algo indispensable cuando más lo necesitábamos. Eso nos dejó desvalidos, heridos para siempre. Entonces se instalaron en nosotros un enfado y un resentimiento inconscientes que legitiman el reclamo de lo que nos agravió, porque nos dejó carentes e indefensos. Somos supervivientes de escaseces que en su momento nos parecieron insuperables e insufribles. Ante una nueva amenaza de frustración, reaccionamos con exigencia para no ser expuestos a más dolor. No somos capaces de identificar esas carencias primigenias, así como tampoco somos conscientes de ese enfado original. Cuanto más intensa es nuestra necesidad, menos nos damos cuenta de cómo afecta a los demás. Estamos encadenados a ella sin ser conscientes de que nos ciega y de que nuestra ceguera daña a los otros.

Hemos de poder recuperarnos a nosotros mismos, recorrernos en nuestra integralidad hasta llegar a ser seres completos y serenos. Para transitar este camino de completud, también aquí hemos de remontarnos a nuestras relaciones parentales. De nuestros padres procede lo que somos, porque nuestra existencia biológica es resultado de su encuentro. En nosotros están ellos. Se han hecho uno en nosotros sin que dejaran de ser ellos; nos engendraron dejándonos su ser para que pudiéramos ser, pero sin lograrlo por completo porque también ellos estaban incompletos. De aquí que del complejo prodigio que es la transmisión de la vida brota agradecimiento hacia nuestros progenitores, pero también puede brotar reproche. Porque si bien recibimos de ellos la vida, en diferentes momentos nos faltó lo que más necesitábamos para sentirnos vivos, y esperábamos que nos llegara a través de ellos. No llegó. Cuanto más remota fue la carencia, más profundamente quedó grabada la herida. Para defendernos de ella, exigimos a la vida que nos dé a cada momento lo que necesitamos –o creemos que necesitamos– sin conceder ningún plazo. Este endurecimiento nos impide recibir cada instante como don y lo convertimos en una conquista y en un merecimiento, o en fracaso y frustración. Explica Krishnamurti:

Cuando exigimos una experiencia de verdad o realidad, esa misma exigencia nace de nuestro descontento con lo que es [...]. Por ello debemos estar libres de esa incesante exigencia, pues de lo contrario el corredor de la dualidad no tendrá fin. Esto significa conocerse a sí mismo de una manera tan completa que la mente deje de buscar. [...] Esta exigencia de tener cada vez más experiencias muestra la pobreza interior del hombre. Pensamos que a través de las experiencias podemos huir de nosotros mismos, pero esas experiencias están condicionadas por lo que somos [...]. La exigencia nace de la dualidad: «Soy desdichado y debo ser feliz».[1]

Es tarea de cada uno completarse a sí mismo, en lugar de exigir que sean los demás los que nos completen. Solo podemos liberarnos y crecer cuando identificamos los diferentes estratos de necesidades, traumas y experiencias que constituyen nuestra biografía y configuran nuestra personalidad. Pero hemos elaborado un complejo sistema de camuflaje en el inconsciente para ocultarlo. Colectivamente sucede lo mismo. Nuestra sociedad de consumo está construida sobre estas heridas y experiencias insatisfechas; tratamos de compensarlas a base de excitarlas para satisfacerlas, pero sin sanarlas ni poder llegar jamás a curarlas hasta que no sean desveladas e integradas.

1.   Jiddu Krishnamurti, *Experiencia y meditación,* 1999 [*on-line*].

Hacia una relación reverencial con la tierra

Para establecer una relación con la tierra que no sea depredadora sino reverencial, hemos de estar en otro lugar de nosotros mismos y de la civilización que hemos creado. Dice Jean Klein:

> Estar en relación es estar en comunión con el todo. En esta comunión, la presencia del otro se experimenta como un entrega espontánea y nuestra presencia como un espontáneo recibirse. Ya no existe la sensación de carencia, por esto, ya no hay necesidad de pedir, porque el sencillo hecho de recibir nos conduce a nuestra apertura. Cuando vivimos en la apertura, nuestro primer impulso es ofrecer. El hecho de vivir en la apertura y en el movimiento espontáneo de ofrecer es amor. Amor es meditación. Todo esto se convierte en una nueva forma de vivir.[2]

Es imposible aceptar libremente una economía de decrecimiento sin este trabajo interior. Se viviría como algo impuesto y no tendría ningún recorrido. Únicamente será posible si nos hemos reconciliado con nuestras carencias y si nuestra relación con las cosas se ha sanado, de manera que ya no vayamos tras ellas ávidamente porque sabemos llenar de otro modo nuestro vacío. Entonces po-

---

2.   Jean Klein, *Quién soy yo. La búsqueda sagrada*, *op. cit.*, pág. 3.

dremos llegar hasta ellas reverenciándolas, y ellas dejarán de temernos.

El relato bíblico de los Orígenes, si bien refleja una experiencia arquetípica y en cierto modo universal, tal vez no proceda de los orígenes, sino de un momento muy concreto de nuestra civilización: el paso de la caza-recolección a la agricultura y la ganadería. La pérdida de la inocencia consistiría en dejar de recibir lo que la tierra ofrece para forzarla a que produzca lo que nosotros queremos que nos dé. La relación fraticida entre Caín y Abel es expresión de los conflictos que hubo desde el comienzo entre los intereses agrícolas y los ganaderos. El enfrentamiento entre los dos hermanos simboliza dos modos de subsistencia de unos seres humanos que ya se han alejado de la tierra y por esto mismo también entre ellos. La solución no consiste en volver al tiempo de la caza-recolección. Esto sería una regresión civilizatoria. Se trata de redescubrir una relación con la tierra que, sin negar todos los conocimientos que hemos adquirido, vuelva a ser agradecida y tenga consciencia de la reciprocidad que nos vincula con ella.

El recorrido de Masanobu Fukuoka (1913-2008), ingeniero agrónomo y agricultor japonés, es un ejemplo de lo que trato de decir. Hace unas décadas escribió un libro sorprendente: *La revolución en una brizna de paja* (1975). En él explicaba sus originales y radicales propuestas de agricultura como alternativa a la producción masiva contemporánea. Sus páginas estaban abaladas por más de treinta años de experiencia y por un estilo de vida sobrio y austero. Defendía un tipo de cultivo basado en el no-hacer que contradice todas las prácticas modernas:

> Creo que esta brizna de paja puede originar una revolución. A primera vista, esta paja de arroz puede parecer ligera e insignificante. Difícilmente nadie puede creer que puede ser el origen de una revolución. Pero yo he llegado a darme cuenta del peso y el poder de esta paja. Para mí esta revolución es muy real.[3]

Se estaba refiriendo a la utilización de la paja para preservar la humedad del suelo, de modo que se necesitaba menos agua y menos trabajo de riego, así como para favorecer la fertilidad y la germinación del arroz y proteger las semillas de los gorriones. Esto es solo un ejemplo de sus métodos basados en utilizar los elementos del campo en el mismo campo, evitando los productos artificiales y simplificando costes y trabajo. Esta aproximación a la naturaleza fue el resultado de una experiencia de despertar que tuvo a los veinticinco años. Había estudiado ingeniería agrícola y se había especializado en la enfermedad de los vegetales. Había obtenido un trabajo en una oficina de aduanas, donde se dedicaba a inspeccionar el estado de las plantas que entraban y salían del país. A causa de su aplicación intensa y

---

3.   PDF editado por el Instituto Permacultura Montsant, pág. 7. www.permacultura-montsant.org,

de las malas condiciones, cayó enfermo de pulmonía y fue internado en un hospital de la policía.

Estaba en una habitación privada y por ello la gente raramente entraba. Sentí como si hubiese sido colocado en el severo frío del exterior, y de repente me sumergí en un mundo de abandono y soledad. Me encontré cara a cara con el temor a la muerte.[4]

Al mejorar fue dado de alta del hospital y salía a primeras horas de la mañana a deambular sin poder vencer su depresión. En una de aquellas mañanas, algo se abrió que le permitió ver por primera vez la naturaleza que tenía ante él:

Podía oír el piar de los pequeños pájaros en los árboles y ver resplandecer a las distantes olas bajo el sol del amanecer. Las hojas bailaban verdes, centelleantes. Sentí que esto era el verdadero paraíso sobre la tierra. Todo lo que me había poseído, todas las agonías, desaparecieron como sueños e ilusiones y algo que se podría denominar «la verdadera naturaleza», se reveló ante mí. Podría decirse que a partir de la experiencia de aquella mañana cambió completamente mi vida.[5]

Una vez más, el paso de *aquí* a *Aquí* liberó excedentes de realidad cautiva, potencialidades por descubrir, permitiendo

4.   *Ibidem*, pág. 9.
5.   *Ibidem*, pág. 10.

comenzar algo verdaderamente nuevo y significativo en su vida y para la vida de muchos más.

Aprender de la sabiduría de los pueblos originarios

Necesitamos aprender de las culturas originarias y de sus rituales de restitución. Al vivir con más penuria no dan por supuesto los medios de su supervivencia. Su cercanía a la naturaleza les hace ver que la vida vive a costa de la misma vida; es decir, unas especies se alimentan de otras. Tenemos vida porque otros seres nos dan su vida. ¿Nos la dan o se la arrebatamos? Solo si llegamos a tener consciencia de que pervivimos a costa de otros seres, puede brotar el agradecimiento y el respeto por las demás formas de vida con las que convivimos. Las mujeres del pueblo kwakiutl de los nativos norteamericanos se dirigían así a un cedro joven cuando iban a cortar sus raíces:

> ¡Mírame, amigo! Vengo a pedirte tu vestido, pues tú has venido para apiadarte de nosotros; porque no hay nada por lo que no podamos utilizarte, pues es propio de ti que no haya nada por lo que no podamos utilizarte, pues estás realmente dispuesto a darnos tu vestido. Te lo pido, gran hacedor de la vida, porque voy a hacer de ti un cesto para raíces de lirio.[6]

---

6. *La sabiduría del indio americano*, Editorial José J. de Olañeta, Palma de Mallorca, 1997, págs. 45-46.

La cercanía a la naturaleza ayuda a tomar consciencia de que todo lo que adquirimos es a costa de que algo o alguien se despoje. Esta es la conciencia indeleble de todos los pueblos originarios. Así lo expresa otro nativo norteamericano:

> No nos gusta herir a los árboles. Siempre que podemos hacemos una ofrenda de tabaco a los árboles antes de cortarlos. Nunca despreciamos la madera, sino que utilizamos todo lo que cortamos. Si no pensáramos en sus sentimientos y no les ofreciéramos tabaco antes de cortarlos, todos los demás árboles del bosque llorarían y esto entristecería también nuestros corazones.[7]

Deberíamos volver a esta exquisitez del alma que permite sentir la interconexión de todas las cosas y que hace percibir que el ser humano forma parte de ellas. Agradecer (*ad-gratus-ecer*) significa «acto de reconocer el don», el inmerecimiento de lo recibido. La tierra, en su inmanencia, está en cada uno de los dones que da; nosotros mismos formamos parte de ella. Ella es nosotros en su acto de darse en nosotros y en cada cosa. Lo mismo sucede con el Ser en su trascendencia: se da en cada uno de los seres que somos. Todo ser es participación de esta entrega, que es inmanente y trascendente a la vez.

Durante los dos años, dos meses y dos días que Henry

---

7. *Ibidem*, págs. 99-100.

Thoreau vivió como semiermitaño en una cabaña junto a la laguna de Walden, descubrió el valor de cada cosa: «¡Qué dulce y tierna la compañía tan inocente y divinamente alentadora de cualquier objeto natural!».[8] La sobriedad de ese estilo de vida marcó el resto de sus días. Al ir quitando elementos superfluos, entró en contacto directo con la naturaleza. Escribió:

> ¡La indescriptible inocencia y beneficencia de la naturaleza: del sol, del viento y de la lluvia, del verano y del invierno, qué salud y qué alegría perpetua proporcionan! Tal es la simpatía que tiene por nuestra raza que, si algún hombre sufriera por una causa justa, el sol atenuaría su brillo y los vientos suspirarían como lo hace la humanidad, y las nubes lloverían lágrimas y los bosques se desharían de sus hojas y vestirían luto en pleno estío. ¿No me entenderé con la Tierra? ¿No soy en parte hojas y materia vegetal?[9]

Esta es la mirada de los poetas. El poeta no es solo el que es capaz de describir su estremecimiento, sino, sobre todo, el que lo experimenta, el que vive en estado de gratitud y admiración ante la más pequeña expresión de vida. En sus *Odas elementales*, Pablo Neruda hace el elogio de cosas tan sencillas como una alcachofa, unos calcetines, una bicicleta,

---

8.   H.D. Thoreau, *Walden*, Errata Naturae, Madrid, 2017, pág. 140.
9.   *Ibidem*, pág. 147.

la migración de los pájaros, el aire, una pequeña flor azul, etc., y también se maravilla ante un limón. Comienza describiéndolo en un huerto que desprende olor de azahar hasta que se detiene en cómo es partido en dos por unas manos humanas:

> [...] En el limón / cortaron / los cuchillos / una pequeña / catedral. / El ábside escondido / abrió a la luz los ácidos vitrales / y en gotas / resbalaron los topacios, / los altares, / la fresca arquitectura.// Así, cuando tu mano / empuña el hemisferio / del cortado / limón sobre tu plato, / un universo de oro / derramaste, / una / copa amarilla / con milagros, / uno de los pezones olorosos / del pecho de la tierra, / el rayo de la luz que se hizo fruta, / el fuego diminuto de un planeta.[10]

La mirada del poeta no debería ser una excepción, sino el modo ordinario y generalizado de vivir en relación con todas las cosas.

Hacia una ecología integral y reverencial

Necesitamos pasar por experiencias de privación para reavivar el asombro y apreciar lo que tenemos y damos por supuesto. Por ello, en todas las tradiciones espirituales, la pobreza no es una maldición, sino una bendición. No me

---

10.   Pablo Neruda, *Antología poética*, Espasa-Calpe, Madrid, 1983, págs. 283-284.

refiero a la miseria que degrada al ser humano porque le priva de sus necesidades fundamentales (alimento, vivienda, higiene, acceso a la educación, etc.), sino a un modo de existencia que permite vivir con medios suficientes, pero no superfluos. En palabras de Thoreau, «un hombre es rico en proporción a la cantidad de cosas de las que puede prescindir».[11]

Hay que explorar lo que implica una cultura de la sobriedad o de economía decreciente.[12] El lenguaje de la sobriedad responde más a una sensibilidad ética y social,[13] mientras que las propuestas sobre el decrecimiento están más en relación con la causa ecológica. Ambas son necesarias.[14] Hay

---

11. H.D. Thoreau, *Walden*, *op. cit*., pág. 86.

12. Esta propuesta ha sido defendida por ecónomos como Serge Latouche, con la creación del Institut d'Études Économiques et Sociales pour la Décroissance Soutenable, y E.F. Schumacher, con su propuesta de una meta-economía. Desde el ámbito de la filosofía, destaca en nuestro país la voz de Jordi Pigem, con sus dos obras: *Àngeles o robots. La interioridad humana en la sociedad hipertecnológica*, Fragmenta Editorial, Barcelona, 2018 (versión original en catalán en: Viena-Fundació Joan Maragall, Barcelona, 2017) e *Inteligencia vital*, Editorial Kairós, Barcelona, 2015.

13. En los años ochenta el jesuita Ignacio Ellacuría, desde Centroamérica, ya abogaba por una cultura de la pobreza, no como una maldición, sino como la bendición de saber vivir con lo necesario. Cf. Fundació Alfons Comín, Premi Internacional Alfons Comín 1989 a la Universidad Centroamericana de San Salvador, José Simeón Cañas, y a su rector, Ignacio Ellacuría, Col. «Memoria», n.º 11, Barcelona, 1989. Ver también: José Sols, *La teología histórica de Ignacio Ellacuría*, Editorial Trotta, Madrid, 1999, págs. 272-279.

14. Las aportaciones de Joan Carrera en los últimos años a partir del Centre d'Estudis Cristianisme i Justícia abogan por la integración de ambas perspectivas. Cf. Joan Carrera, *El problema ecológico, una cuestión de justicia*, Cuadernos Cristianisme i Justicia 161, Barcelona, 2009, y Joan Carrera y Llorenç Puig, *Hacia una ecología integral*, Cuadernos Cristianisme i Justicia 202, Barcelona, 2017.

que añadir el elemento espiritual y así tendríamos las pautas para una *economía cosmoteándrica*: la relación con la tierra, la producción y repartición de bienes entre los seres humanos y el cultivo de la dimensión interior o invisible que atañe al modo cómo se atienden las otras dos. Tal es la propuesta de E.F. Schumacher bajo el nombre de *meta-economía*, el cual popularizó la perspectiva de que lo bello es lo pequeño, lo discreto, lo que es accesible sin que dañe a nadie.[15] Se pregunta:

> ¿Vamos a seguir aferrándonos a un estilo de vida que crecientemente vacía el mundo y devasta la naturaleza por medio de su excesivo énfasis en las satisfacciones materiales, o vamos a emplear los medios creativos de la ciencia y de la tecnología, bajo el control de la sabiduría, en la elaboración de formas de vida que encuadren dentro de las leyes inalterables del universo y sean capaces de alentar las más altas aspiraciones de la naturaleza humana?[16]

Recordando las palabras del Evangelio donde Jesús dice que busquemos el Reino de Dios y su justicia y que todo lo demás se nos dará por añadidura (cf. Mt 6, 33), advierte

---

15. E.F. Schumacher, *Lo pequeño es lo hermoso*, Tursen-Hermann Blume, Madrid, 1990. Me remito también al estudio y tesis doctoral de Joaquín Muñoz Traver, *La meta-economía de E.F. Schumacher*, Wroclaw (Poland), 2018.
16. E.F. Schumacher, *op. cit.*, pág. 7.

que «a menos que busquemos el Reino, las demás cosas que también necesitamos dejarán de ser alcanzables».[17]

Los pueblos originarios andinos disponen de un concepto llamado *Sumak Kawsay* («Bien Vivir», en lengua quechua), que se contrapone a la obsesión por el desarrollo y el progreso de Occidente. En los últimos años, las Constituciones de Bolivia y el Ecuador han incorporado este término como clave de su identidad cosmovisional. Todo ello es lo que se está anhelando cada vez más en Occidente. De aquí consideraciones como las de Jordi Pigem:

> Una economía en sintonía con la vida ha de centrarse no en el crecimiento de los bienes monetarios, sino en el crecimiento de las personas y de la vida: ha de ser una economía de la autorrealización.[18]

Esta autorrealización no es antropocéntrica, sino que se trata de una realización integral del planeta:

> En un ecosistema sano [...] la autorrealización de una especie no se hace a costa de las demás, sino que contribuye a la autorrealización de todas las especies del ecosistema, que con ella coevolucionan.[19]

---

17. *Ibidem*, pág. 254.
18. Jordi Pigem, *Inteligencia vital*, *op. cit.*, pág. 118.
19. *Ibidem*, pág. 119.

Por su parte, Satish Kumar, antiguo monje jainista y uno de los referentes actuales de la causa de la Tierra, habla de la *ecología reverencial*, aproximación muy cercana a la *ecosofía* de Raimon Panikkar y a lo que también se conoce como *ecología profunda*. Recientemente también se ha sumado la voz de Francisco I, con su encíclica *Laudato si'* (2015), evocando con este título el «Cántico a las criaturas» de Francisco de Asís. Detrás de esta encíclica hay teólogos como Leonardo Boff comprometidos desde hace tiempo con la causa de la defensa de la Tierra. El término que aparece repetidamente es la *ecología integral*. Las diversas expresiones apuntan al mismo propósito: restablecer nuestra relación con la naturaleza y la Madre Tierra, de forma que nuestro modo de habitarla no sea una amenaza para ella, sino una bendición, lo cual repercute inmediatamente sobre las relaciones de paz y de justicia entre los seres humanos, así como permite participar en la armonía invisible que rige todas las cosas y de la que los seres humanos formamos parte. «En el nuevo paradigma, lo deseable es lo pequeño; se da valor a la substancia, no a la medida», afirma Satish Kumar.[20]

No se trata únicamente de la economía, sino de la política, del urbanismo, del consumo de energía, de la tecnología, etc. Este acercamiento reverencial afecta a todos los ámbitos. Gandhi acuñó el término *sarvodaya* (*sarva*,

---

20.   Satish Kumar, *Tierra, alma, sociedad*, Editorial Kairós, Barcelona, 2014, pág. 153.

«todos» y *udaya*, «bienestar») para cuidar del bienestar de todos los seres. Incluía a todos los seres vivos porque estaba convencido de que todas las formas de vida tienen un valor intrínseco. Suponía que los seres humanos debían minimizar sus necesidades materiales y maximizar su calidad de vida cultivando otros valores. Ello comporta una actitud de humildad y de agradecimiento hacia todo. Gandhi decía: «En el mundo hay bastante para cubrir las necesidades de todos, pero no lo suficiente para satisfacer la codicia de una sola persona».[21]

Otro de los grandes errores de nuestra cultura es haber confundido precio con valor. Hay que poder redescubrir la cultura del intercambio, en la que es posible reconocer el valor de cada objeto en relación con otro y no con el dinero. Existe un modo sagrado de relacionarse con las cosas que descubre el verdadero valor de cada producto de la tierra y de lo que surge de las manos humanas, fruto de un trabajo pacífico y honesto.

Para establecer esta relación reverencial con la tierra, hay que estar atentos, y para atender, hay detenerse y dejar que irrumpa el *otro* lado de lo que vemos y llegar a quedar sobrecogidos, superados, incluso hasta el punto de caer de rodillas agradecidos. No basta con pensarlo o sentirlo. Hay que llegar a corporizarlo traduciendo estas actitudes, sentimientos

---

21. *Ibidem*, pág. 69.

o pensamientos en gestos de veneración y agradecimiento. De otro modo se quedan en meras emociones o intenciones que se desvanecen al momento. El gesto de juntar las manos a la altura del corazón y hacer una pequeña inclinación ante lo que está ante nosotros es un modo de concretarlo. Si no se hace ningún gesto, estos flujos de comunión y reverenciación se disipan al instante. No toman cuerpo. En cambio, al encarnarlos pasan a formar parte de la materia y de la tierra y aumentan el vínculo de comunión con lo que nos rodea y con el fondo del Ser al que van dirigidos.

Las tradiciones religiosas han sabido encontrar los modos de expresar y convocar estas actitudes en ritos y celebraciones comunitarias. En la tradición cristiana, la celebración de la eucaristía expresa la integración cosmoteándrica, en cuanto que convoca a los frutos de la tierra (el pan y el vino), a través del trabajo y del compartir humanos, para hacer presente la manifestación divina. La eucaristía contiene un mínimo de sustancia para un máximo de Presencia, para expresar que, con poco, se puede compartir y agradecer mucho, de modo que estas actitudes se expandan en el resto de la vida, más allá del rito. Cada tradición tiene sus rituales sagrados para restablecer la armonía entre estas tres dimensiones. Nuestra cultura secularizada deberá encontrar los suyos antes de que devastemos el planeta.

* * *

Cada presencia que nos llega
   es portadora de Otra
      que nace en ella.

Solo la gratitud es capaz de percibir
   el aura de las cosas,
      el aro de luz que las rodea.

Nuestra avidez las acumula
   y se anulan unas a otras
      porque no les damos tiempo,
         no nos damos tiempo
      para reconocerlas.

Descubriremos la carencia
   que yace tras la exigencia,
      la frustración antigua
         que tanto nos agita,
            que tanto nos impacienta.

Las cosas
   solo se muestran
      cuando las recibimos
         estremecidos de sorpresa,

cuando convertimos nuestras manos
   en cestas
      que se rasgarían
         si recibieran con hartura.

Nos basta
   con el destello
      de cada Presencia.

10. De ocupar un sitio a generar un lugar

Hay elevación en cada hora,
pues en ninguna parte la tierra es tan baja
que los cielos no se puedan ver desde allí.

HENRY D. THOREAU

Un lugar puede estar ocupado o despejado, secuestrado o liberado. Lo invadimos cuando expulsamos a todos los que están en él para instalarnos altiva o descuidadamente nosotros. Lo liberamos cuando reverenciamos el lugar y a los que lo habitan y conjuntamente descubrimos que hay sitio para todos, posibilitando que aparezcan matrices de nuevos lugares. Hay espacio para todos, y este debe ser nuestro empeño en cada momento, tanto si se trata de la creación de nuevas comunidades como de nuestra mirada sobre el mundo, irreversiblemente globalizado. Pero esta globalización no puede ser a costa de la usurpación o la absorción de los poderosos sobre los indefensos, sino una integración de todos los pueblos y culturas en un espacio común donde haya lugar para todos.

Precisión de términos

Podemos afinar más las palabras y distinguir entre *sitio* y *lugar*. Un sitio es un lugar todavía por habitar. Thomas Moore fue el primero en llamar *utopía* (*ou-topos*, en griego, «no lugar») a un espacio ideal y colectivo por alcanzar, soñado por él en una isla remota. Eduardo Galeano entendió la utopía como algo que está siempre en el horizonte: «Camino dos pasos, ella se aleja dos pasos y el horizonte se corre diez pasos más allá. Entonces, ¿para qué sirve la utopía? Para eso sirve, para caminar».

Contemporáneamente, ha reaparecido el término *no-lugar* con un significado diametralmente opuesto. Fue el sociólogo francés Marc Augé quien en la década de los 1990 empezó a hablar de los *no-lugares* para referirse a tantos sitios anónimos de nuestra sociedad donde no sucede nada digno de ser memorado: los aeropuertos, los aparcamientos, las grandes superficies comerciales, los polígonos industriales, etc.[1] Ahí, el ser humano está de paso, va y viene corriendo, apresurado, estableciendo meros intercambios comerciales o transacciones sin estar en ellos verdaderamente presente. Lo que convierte un *sitio* en un *lugar* es cuando ponemos plenamente en juego los registros de nuestra humanidad, cuando suceden cosas que permiten reconocernos

---

1.   Marc Augé, *Los no lugares. Espacios del anonimato* [1992], Editorial Gedisa, Madrid, 1993.

y reconocer a los demás, estableciendo relaciones que nos fecundan y que nos hacen crecer. Porque hemos perdido el lugar original, no encontramos nuestro sitio.

Cada lugar es el centro del mundo

«Todos los lugares son el centro del mundo», considera el pueblo lakota. Solo puede ser así cuando estamos plenamente presentes y, a la vez, abiertos y disponibles con una existencia irreprochable, cuando con suma delicadeza sabemos estar en nuestro sitio sin invadir, dejando que el otro ocupe su propia posición. Entonces, nuestra presencia es bendición, no imposición. Implica un modo de estar en el mundo que abraza exterioridad e interioridad a la vez. Así lo expresa Satish Kumar, completando la sentencia lakota:

> Todos y cada uno somos el centro de nuestro propio mundo. El mundo es tal como somos y el mundo es tal como lo vemos.[2]

Estas palabras no deben comprenderse a partir del sujeto moderno que absorbe el mundo dentro de sí, sino que provienen de la constatación de la inseparabilidad del mundo y nosotros, no para que reduzcamos el mundo a nuestra medida, sino para que seamos conscientes de que somos co-

2.   Satish Kumar, *op. cit.*, pág. 63.

creadores del mundo en el que vivimos. Que lo profanemos o no depende de la capacidad que tengamos de percibir su sacralidad, de cómo hayamos trabajado nuestro ser interior.

Son célebres las palabras que el jefe indio Seattel (Si'ahl, de la tribu suwamish) pronunció en 1855 ante el gobernador blanco de su región como respuesta a su increíble y desconcertante petición de comprar las tierras de su gente:

> ¿Cómo podéis comprar o vender el cielo, el calor de la tierra? Esta idea nos parece extraña. No somos dueños de la frescura del aire ni del centelleo del agua. ¿Cómo podríais comprarlos a nosotros? [...] Habéis de saber que cada partícula de esta tierra es sagrada para mi pueblo. Cada hoja resplandeciente, cada playa arenosa, cada neblina en el oscuro bosque, cada claro y cada insecto con su zumbido son sagrados en la memoria y la experiencia de mi pueblo. La savia que circula en los árboles porta las memorias del hombre de piel roja.[3]

Hemos ignorado el modo de estar en el mundo de muchas de las civilizaciones que nos preceden. Pero no fuimos dignos de ellas. Las aniquilamos en nombre de unos valores con

---

3.   La versión original de este discurso oral no se conserva. Lo que ha llegado hasta nosotros es una recreación hecha en 1970 por parte de Ted Perry, el cual lo convirtió en una carta dirigida al entonces presidente de Estados Unidos, Franklin Pierce. Aunque las palabras no son originales, sí que responden al fondo que las inspira y por ello esta carta se ha hecho célebre. Existen diversas versiones. Me remito a: Si'ahl y Ted Perry, *Cada parte de esta tierra es sagrada para mi pueblo*, Editorial Araki, Barcelona, 2019, pág. 11.

los que creímos legitimar su extermino. Nuestra necesidad de expandirnos justificó y sigue justificando cualquier forma de aniquilación. Y así seguimos profanando cada lugar al que vamos.

> Sabemos que el hombre blanco no comprende nuestra manera de ser. Le da lo mismo un pedazo de tierra que el otro porque él es un extraño que llega en la noche a sacar de la tierra lo que necesita. La tierra no es su hermano sino su enemigo. Cuando la ha conquistado, la abandona y sigue su camino.[4]

¿Qué nos puede salvar de nuestra locura? Saber esto:

> La tierra no pertenece al hombre, sino que el hombre pertenece a la tierra. El hombre no ha tejido la red de la vida: es solo una hebra de ella. Todo lo que haga a la red se lo hará a sí mismo. Lo que le ocurre a la tierra ocurrirá a los hijos de la tierra. Lo sabemos. Todas las cosas están relacionadas como la sangre que une a una familia.[5]

Tenemos mucho por recorrer para alcanzar esta sabiduría y recuperar esta segunda inocencia. Pero no solo se trata de inocencia. También es cuestión de responsabilidad. El término que se está utilizando en ciertos círculos de militancia

4.   *Ibidem*, pág. 21.
5.   *Ibidem*, pág. 31.

ecológica es el de asumir la misión de *ser custodios* de la naturaleza o de la tierra, término que ha sido tomado de los pueblos originarios de América. Custodios es todo lo contrario de propietarios. En los últimos años, cada vez son más abundantes las iniciativas de quienes sienten esta vocación de velar por la Tierra, comprometiéndose con el territorio local e impulsando una escucha integral para descubrir sus potencialidades cosmoteándricas. Así están apareciendo diversas propuestas de conocimiento y compromiso, tanto activo como contemplativo y de carácter académico.[6]

El contacto directo con la tierra

Es tarea de todos encontrar los modos para restablecer el contacto con la naturaleza. Dos maneras simples e inmediatas de hacerlo es descalzarse y sentarse en el suelo.

La descalcez permite la sensación directa, sin intermediarios, con la tierra. Todo lo que interponemos nos aleja de

---

6.   En nuestras latitudes, nombres como Josep Maria Mallarach, Nacho Tarrés, Oriol Tarragó son referentes de este compromiso, así como iniciativas como la Universitat de la Terra, liderada por Àngels Canadell, o el Posgrado de Ecología y Espiritualidad de la Universidad de Girona ofrecido por Josep Maria Mallarach y Josep Gordi. Josep Maria Mallarach es coautor, junto con Lluc Torcal y Francesc Torralba, de: *Hacia una ecología integral*, Editorial Milenio, Lleida, 2017, y coeditor de *Protected Areas and Spirituality*, Publicacions de l'Abadia de Montserrat y UICN, 2007, actas del primer seminario promovido por Delos Iniciative sobre la preservación de los lugares sagrados de la tierra o del patrimonio intangible de la humanidad y de la tierra.

este contacto fundamental y sanador. No en vano, en muchas tradiciones religiosas hay que descalzarse para entrar en un lugar sagrado. Entrar calzado es profanarlo. Si pudiéramos pisar todos los lugares como si fuesen sagrados, nuestra relación con el entorno cambiaría inmediatamente. Sin mencionar la descalcez, Thich Nhat Hanh recomienda caminar como si cada paso fuera un beso que diéramos a la tierra. Así ella se sanaría y nosotros también:

> Mientras caminamos, debemos ser conscientes de que estamos sobre un ser vivo que nos está sosteniendo, no solo a nosotros, sino a la vida. Mucho daño le hemos hecho a la Tierra, así que es el momento de besar el suelo con nuestros pies [...]. Al hacerlo, transformas el lugar donde estás en un paraíso.[7]

El otro modo de aproximarse a la tierra es sentarse en el suelo. En ciertas culturas y tradiciones se sigue practicando, sin intermediarios que se interpongan entre nuestros cuerpos y ella. Evoca un anciano lakota:

> Los ancianos llegaban literalmente a amar el suelo y se reclinaban o sentaban en el suelo con la sensación de estar junto a una fuerza maternal. Tocar la tierra era bueno para la piel y a los ancianos les gustaba quitarse los mocasines y caminar descalzos

---

7.   Thich Nhat Hanh, *Cómo andar*, Editorial Kairós, Barcelona, 2016, pág. 41.

sobre la tierra sagrada. Construían sus tipis (tiendas) sobre la tierra y hacían de tierra sus altares.[8]

Y añade:

La tierra era para ellos calmante, vigorizante, purificadora y curativa. Por esto el anciano indio todavía se sienta en el suelo, en vez de encaramarse lejos de las fuerzas vivificantes de la tierra. Para él, sentarse o echarse en el suelo significa que podrá pensar con más profundidad y sentir más intensamente.[9]

¿Acaso no tenemos alguna experiencia de esto? Si no la tenemos es que nos hemos exiliado de la Madre Tierra hace demasiado tiempo y hemos enfermado gravemente. Además de los pueblos originarios, Oriente y Medio Oriente todavía tienden a sentarse en el suelo.

Occidente, en cambio, se sienta en sillas, butacas y sillones. Hace tiempo que nos hemos separado de la tierra. Tal vez esta sea una de las características que más nos diferencian de las demás culturas. Al despegarnos del suelo nos hemos convertido en altivos conquistadores de lo que vemos desde nuestros altozanos, descuidando las flores más cercanas de nuestros prados, anhelantes de lo que nos hemos separado y yéndolo a buscar lejos, demasiado lejos, en lugar

8. *La sabiduría del indio americano, op. cit.*, págs. 73-74.
9. *Ibidem*, pág. 74.

de *humildarnos*, de regresar al humus de la tierra que está esperando para germinarnos.

Se explica que una mañana el Buda estaba meditando como de costumbre y se le acercaron unos discípulos. Tras respetar su concentración, le preguntaron de dónde había recibido el conocimiento del equilibrio y de la compasión. El Buda levantó la mano derecha y tocó el suelo con ella. Se mantuvo en esta postura durante un rato, sin decir ninguna palabra. Desde entonces, esta postura se conoce como *mudra bhoomisparsha*, «postura tocando el suelo». Así transmitió a sus discípulos que la tierra era su maestra, por su paciencia, su resistencia, su generosidad, su clemencia, y también por su contundencia en decir las cosas.

Todos tenemos alguna experiencia de la diferencia que hay entre hacer una reunión sentados en sillas o butacas a hacerla sobre el suelo o sobre la tierra. Sentados en la tierra, se piensa de un modo diferente, porque se siente con todo el cuerpo y se está más cerca de lo tangible y permanente del elemento mineral. Hay menos mente, más silencio y más resonancia en el cuerpo. Ayuda a darse más cuenta de dónde procede lo que se comparte porque las palabras proceden más de adentro y nos recorren más por entero. Las patas de las sillas y de las butacas nos sitúan en un lugar incierto, más autorreferido y en el que es más difícil contener la incontinencia de nuestros pensamientos. El día en que no quede ningún pueblo ni ninguna cultura que se siente sobre el suelo se habrá perdido algo muy importante en la relación de la especie humana con la tierra. No en vano humildad procede de *humus*, «tierra».

En palabras de Jean Klein:

> La humildad no es algo que se pueda llevar como un vestido. Es el resultado de la reabsorción de la individualidad en el Ser, en la quietud. Lleva a la extinción de toda agitación. Cuando permanecemos atentos y alerta, hay humildad. Es receptividad, apertura a todo lo que la vida trae. Allá donde no hay memoria psicológica ni acumulación de conocimiento, hay inocencia. Inocencia es humildad.[10]

Hemos dicho que humildad procede de *humus*, «tierra». En los términos agrícolas, el humus corresponde a los extractos más fértiles del suelo. Ser humilde es hacerse tierra fértil, fecundar la vida de los demás dándoles lugar, dejándoles espacio, generando nuevos territorios en los que cada cual pueda llegar a ser.

Ser lugar para dejar lugar

Lo que está en juego es un modo de vivir que no sea invasivo, ni para la tierra ni entre nosotros mismos. Elie Wiesel, superviviente de los campos de concentración, cuenta en

10.   Jean Klein, *Quién soy yo. La búsqueda sagrada, op. cit.*, pág. 6.

su relato autobiográfico que la presencia de los rabinos era lo único que aliviaba el ambiente gélido de los barracones:

> Los santos tienen la desconcertante costumbre
> de hacer todo sin ruido:
> caminan, ríen, comen, rezan sin hacer ruido.
> Incluso hacen ruido sin hacer ruido.[11]

La molestia que nos provoca el ruido tiene dos orígenes: el descuido o la autoafirmación. Nos fastidia el ruido cuando está causado por la falta de atención con los que convivimos, cuando nuestros movimientos no tienen en cuenta a los demás, cuando nuestra distracción da a entender que los otros no existen para nuestra indolencia. Nuestra negligencia es invasiva porque no estamos en nuestro centro; descentrados, ocupamos un lugar sin darnos cuenta de ello, y así lo profanamos. En el extremo opuesto, el ruido es dañino cuando caminamos con botas de acero y nuestros pasos suenan a marcha militar. Nuestro caminar altivo irrumpe en el espacio de los demás humillándolos.

Nuestra lucha por cargos y territorialidades proviene de no saber ocupar nuestro propio sitio, de no reencontrarnos a nosotros mismos y de compensarlo invadiendo el espacio ajeno. En cambio, cuando encontramos nuestro lugar

---

11. Elie Wiesel, *La noche, el alba, el día*, Editorial Muchnick, Barcelona 1986, pág. 155.

interno, hallamos también nuestro sitio externo, nuestro lugar en el mundo. Entonces ese lugar se convierte en un centro que no absorbe, sino que irradia. Desde el punto de vista comunitario, no basta con que el carisma personal sea autorreconocido por uno mismo, sino que también tiene que ser reconocido por los demás, sin que se dé ningún tipo de imposición. Se trata de todo lo contrario: de una irradiación. Este mutuo reconocimiento es la base de la armonía de la complementariedad.

Así expresa el Maestro Eckhart lo que significa no ocupar o habitar un lugar, sino *ser* lugar:

> Dios no busca para sus obras un lugar que el hombre tenga en sí mismo, sino que la pobreza de espíritu es cuando el hombre permanece tan libre [...] que, si Dios quiere actuar en el alma, sea él mismo el lugar en donde quiera actuar. Cuando Dios encuentra al hombre tan pobre, entonces actúa y el hombre padece a Dios en sí mismo; Dios es el lugar propio para sus obras gracias al hecho de que Dios obra en sí mismo.[12]

Ser lugar de Dios o ser lugar para Dios nos convierte simultáneamente en lugares para los otros y para todo lo demás. Porque Dios no es un ente entre el resto de los entes, un Ser más entre los demás seres, aunque se le considere

---

12. Maestro Eckhart, *El fruto de la nada*, «Sermón sobre los pobres de Espíritu», *op. cit.*, pág. 79.

el Ser supremo, sino que está en otro orden de la realidad, más allá del ser. En verdad, Dios no existe, Dios es. Es Fondo, Fuente, Origen, no solo de lo existente, sino de la posibilidad misma de ser y de existir. Y como tal, no ocupa ningún lugar, sino que los genera. Por ello, el que se vacía totalmente, no solo no ocupa ningún lugar, sino que hace más posible y amable el lugar de los demás. Este es el don de la humildad y de la pobreza de los que eligen ser pobres. Su existencia irradia sin invadir, sin ocupar el espacio de los otros. Retomando al Maestro Eckhart:

> En esta pobreza, el hombre reencuentra el ser eterno que él ya había sido y que ahora es y que será siempre. El hombre debería permanecer tan pobre que ni él mismo fuera el lugar, ni lo tuviera, en donde Dios pueda actuar.[13]

Así lo expresa también un relato de Abû Yazîd Bastami, sufí del siglo xiv:

> Dios me interpeló:
>
> –Abû Yazîd, nadie se acerca tanto a Mí como el que viene a Mí con aquello que no es Mío.
>
> –Dios mío, ¿qué es eso que no es Tuyo y que permite acercarse a Ti? ¿Dónde debo conseguir eso que no es Tuyo?

13.   *Ibidem.*

–Abû Yazîd, la privación y la pobreza no son mías. Pero tengo la posibilidad de hacer acercarse a mi alfombra a quien las desea.

–Dios mío, muéstrame la gente de la pobreza y de la privación.

Él me los mostró: era un grupo diseminado. No vi entre ellos empujones ni rivalidad. En su puerta no había ruidos ni gritos. Entonces yo le prometí no preferir nada por encima de la privación y de la pobreza.[14]

Tal es el don de la pobreza: el ser humano convertido en pura concavidad, en pura espaciosidad, sin reclamar ni exigir nada porque ha sido bautizado de inocencia. En la tradición budista se habla de la *Tierra Pura* como ese lugar mítico-místico en el que todos los seres están en armonía porque cada uno ha encontrado su sitio en la vacuidad. Nagarjuna expresaba que para quien es claro el vacío, todo se vuelve claro. Todo lo que aparece co-dependientemente se explica por ser vacuidad.[15] Este *sitio* vacío-pleno tiene que ver con la irradiación del don personal y con la relación con los demás seres que genera ese don.

El *Tao Te King* se refiere a esto mismo en un tiempo en que el territorio chino se hallaba dividido por todo tipo de feudos que disputaban entre ellos. Tras su aspecto brumoso y

14. Recogido por Emilio Galindo, *La experiencia del fuego*, Darek-Nyumba, Madrid 2002, pág. 85.
15. Cf. *Fundamentos de la Vía media*, Editorial Siruela, Madrid, 2003, XXIV, 18-19, págs. 179-181.

evanescente, el libro consiste paradójicamente en un manual revolucionario de gobierno (de uno mismo y de los demás) en ochenta y un capítulos. Tras dedicar los primeros treinta y siete al Tao, aborda en los cuarenta y cuatro siguientes la virtud (*Te*). Pero, en verdad, esta clasificación es superficial porque el *Tao* (el fluir de todas las cosas) y la virtud que genera son inseparables:

> La bondad suprema es como el agua
> que favorece todo y no rivaliza con nada.
> Ocupando la posición despreciada por los demás,
> está muy cerca del Tao.
> Su posición es favorable.
> Su corazón es profundo.
> Su palabra es fiel.
> Su gobierno está en perfecto orden.
> Cumple sus tareas.
> Trabaja infatigablemente.
> No rivalizando con nadie,
> es irreprochable.[16]

En este poema queda clara la diferencia entre carisma y poder. El poder es la apropiación de un cargo o de una posición que se impone a costa de anular a los demás, mientras

16.   Lao-Tse, *op. cit.*, poema 8.

que el ejercicio de un carisma comporta el servicio a los demás a partir del don que uno *es*. El signo de que un cargo se sostiene desde el carisma o desde el poder radica en la capacidad de generar vida para los demás. El don de cada uno no es propiedad suya, sino una capacitación para crecer conjuntamente. Cada cual *tiene* un don porque *es* ese don, y eso es lo que ofrece a los demás. Tal es el contraste de la tercera tentación de Jesús en el desierto: el *dia-bolos* (el Escindidor) le sitúa en el pináculo del templo para que domine el mundo mientras que Jesús elige situarse en el lugar opuesto, lavando los pies de sus discípulos. «Felices si sois capaces de ser alcanzados por ello, felices si sois capaces de comprender y de hacer lo mismo que yo he hecho» (Jn 12, 12-17). Ese Lugar está siempre por alcanzar.

* * *

Hay lugar para todos
  en esta espaciosa Tierra,
    en este jardín
      poblado de terrazas,
        calas, cumbres y cuevas.

Tierra también profanada
  por zanjas arbitrarias,
    por vallas coronadas de navajas
      que defienden crueles parcelas.

La distancia entre nosotros
  se espacia o se estrecha
    según el modo de mirarnos a los ojos.

Es posible el *nos-otros*
  cuando se es sí mismo
    dejando espacio al otro.

Somos expresiones del Uno
  que toma forma única en cada uno.

Somos apertura
  por donde asoma el Misterio
    si permanecemos abiertos
      para que recorra nuestro contorno.

El espacio que dejamos
    es el lugar que despejamos
      para que broten nuevos asombros.

11. Del aislamiento al inter-ser

> No solo me sentí parte del universo,
> sino que me parecía poder abarcarlo
> y vivir su plenitud en cada respiración.
> Ya no buscaba a Dios como una identidad
> separada de mí mismo.
> Dios estaba allí, en mi propio interior,
> en esa mente infinita que lo contenía todo.
>
> EDUARDO STRAUCH

Una de las mayores angustias contemporáneas es la soledad. Es una de las dolencias de nuestro tiempo, que tratamos de compensar o de eludir saturándonos de estímulos para no sentirla. La soledad, siendo un sentimiento real, es también una percepción y un pensamiento erróneos porque no podríamos existir ni un instante al margen de todo lo que nos rodea, ya sea cercana o remotamente; no podemos prescindir de todo lo que coexiste al mismo tiempo que nosotros y que nos sostiene sin darnos cuenta.

En inglés se dispone de dos palabras para distinguir dos

tipos de soledad: *loneliness* y *aloneness*. La primera evoca aislamiento y confinamiento, la imposibilidad de relacionarse con los demás, secuestrados en nuestro contorno; la segunda implica tener un Centro habitado, la capacidad de encontrarse bien con uno mismo, de acceder a un recogimiento del cual podemos salir y volver a entrar en cada momento. «No estoy solo si cuento conmigo» descubría Henry D. Thoreau en la búsqueda de sí mismo.[1] Una de las tareas de nuestra vida es llegar a hacernos íntimos de nosotros, ser capaces de habitar nuestra propia intimidad. Desde la soledad de su cabaña junto al estanque de Walden, Thoreau iba haciendo hallazgos:

> Hasta que no estemos perdidos, en otras palabras, hasta que no perdamos el mundo, no empezaremos a encontrarnos a nosotros mismos, a advertir dónde estamos y a reparar en la infinita extensión de nuestras relaciones.[2]

El verdadero encuentro con uno mismo lleva a encontrarse con los demás y a descubrir si nos relacionamos de una manera sana y libre o enfermiza y dependiente. Mientras no alcanzamos nuestro Centro, es imposible percibir si estamos vinculados saludablemente o si estamos confundidos con los otros. La capacidad de estar solo y bien con uno mismo es la

---

1.   H.D. Thoreau, *Poemas, op. cit.,* pág. 175.
2.   H.D. Thoreau, *Walden, op. cit.,* pág. 182.

condición de posibilidad para establecer relaciones restauradoras y nutrientes. Los auténticos solitarios son solidarios. En su silencio descubren la trama que les une con todos los demás seres, sin confundirse ni diluirse en ellos.

La interdependencia de los seres

Pero más allá de estas primeras consideraciones psicológicas, lo que está en juego es mucho más: la captación de la interrelacionalidad de toda la realidad, su naturaleza radicalmente relacional. Todo está en todo, todas las cosas se sostienen a través de las otras y gracias a las demás. El universo es una continua confluencia de elementos, un tejido perfecto tanto en el plano macrocósmico como microcósmico. Cuando esto no es una idea sino que se convierte en experiencia, cambia inmediatamente la autocomprensión de uno mismo a la vez que cambia el modo de relacionarnos con todo.

Esta visión es una de las claves de la cosmología budista, aunque también la hallamos en otras tradiciones. En el budismo tiene por nombre *pratityasamutpada*, «co-surgimiento interdependiente». Se pueden distinguir al menos tres ámbitos: la interdependencia causal, según la cual todo objeto es necesariamente resultado de diversas causas y condiciones: un árbol existe porque le precede la semilla que fue, el terreno donde está plantado, la luz del sol que lo ha alimentado, el agua de la lluvia que lo ha regado, etc.; la interdependencia en cuanto a la relación de la parte con el todo, de manera que cualquier objeto está compuesto por diferentes elementos, como el árbol, que no existe abstractamente, sino que está formado por unas raíces, el tronco, su corteza, cada una de sus ramas y de sus hojas, la savia que lo recorre por dentro, etc.; y la interdependencia cognitiva o recíproca, en cuanto que cualquier identificación que hacemos es posible gracias a la diferencia con otro objeto: identificamos un árbol en oposición a un no-árbol, ya sea un arbusto, la yerba o el pájaro que anida en sus ramas. Estas tres interrelacionalidades permiten captar que en cada uno de los elementos están los demás, y esta es la trama del cosmos. Nada tiene sustancia por sí mismo porque depende de lo demás. Se ha hablado también de la *gran red de Indra*, retomando el nombre del dios hindú de los cielos y señor de los demás dioses, en cuanto que todo está vinculado a él y es el medio que lo mantiene todo unido.

Una de las escenas más célebres de las enseñanzas del Buda narra que, en una ocasión, tomó una flor de loto de un estanque y la mostró ante la asamblea de sus discípulos. Todos esperaban que comenzara a hablar, pero siguió en silencio sosteniendo la flor. Al cabo de un rato, Ananda, uno de sus discípulos más próximos, sonrió. El Buda le devolvió la sonrisa, dejó de nuevo la flor en el estanque y se marchó sin decir ni una sola palabra. Todos los demás se quedaron perplejos y le preguntaron a Ananda qué había sucedido, qué había entendido. Ananda les respondió que, al comienzo, solo había visto una simple flor en la mano del Buda, pero que al entrar en meditación, comenzó a ver cómo el sol brillaba en la flor, cómo el agua del estanque estaba en ella, y también el barro y la lluvia que alimenta el estanque, y las montañas lejanas cuyos arroyos llegan hasta aquí; y también el curso de las estaciones, los insectos que polinizan las flores, los pájaros que se alimentan de los insectos, etc. De pronto, percibió que en esa flor estaba el mundo entero. Vio al Buda en esa flor de loto, y que él y la flor eran la misma cosa. Ananda comprendió en ese momento que todo está hecho de todo lo demás, que la vida es una en múltiples formas que dependen unas de otras. De ese gozo brotó la sonrisa que el Buda captó porque también el Buda estaba inmerso en el gozo de saberse formar parte de todo.

Thich Nhat Hanh introdujo el neologismo *interser* para expresar esta coexistencia intrínseca de todos los elementos: «Nada puede ser por sí mismo, todo en el universo debe *inteser* con todo lo demás».[3] De otro modo no podría existir. Esta constatación no era para él una idea, sino una manera de existir y de relacionarse con todas las cosas. Era admirable verle caminar, besando la tierra con cada uno de sus pasos, o verle beber su tazón de té y percibir con qué delicadeza lo tomaba entre sus manos, como si le estuviera agradeciendo que su naturaleza cóncava le permitiera utilizarlo para calmar su sed.

3.   Tich Nhat Hanh, *Buda viviente, Cristo viviente*, *op. cit.*, pág. 172.

En relación con todo esto no deberíamos minusvalorar el fenómeno contemporáneo de interconectividad que está suponiendo internet en nuestra experiencia cotidiana, así como para el desarrollo y la autocomprensión de la especie humana. Además de suponer un conocimiento tecnológico avanzado, fruto de la colaboración entre diferentes disciplinas, ha hecho alterar las coordenadas espacio-temporales de nuestras relaciones y de acceso a la información.

El planeta entero está literalmente entrelazado por esta red invisible que permite la comunicación inmediata con personas que pueden estar en zonas remotas del planeta. Si bien el contacto no es completo –eso que ha sido llamado *virtual*–, no deja de ser una forma de interrelación. En verdad, la relación físicamente presencial no es una garantía de que estemos realmente presentes donde nos encontramos. La calidad de comunicación depende, en ambos casos, del mismo acto de autopresencia.

Tenemos el reto de introducir en este ámbito la misma actitud reverencial y de agradecimiento que hemos visto en las páginas anteriores. Ningún sector de la realidad está exento de ser vivido con estas actitudes. Estamos llamados a pasar de una tecnología meramente instrumental a una *tecnología reverencial* –tanto en su producción como en su utilización– que nos permita ser mucho más conscientes de lo que supone el actual avance tecnológico e informático. No tendría ningún sentido estar sirviéndonos de él y al mismo tiempo despreciarlo o demonizarlo. Acceder a internet (por móvil o por ordenador) con una mera actitud utilitaria y de consumo o hacerlo con plena consciencia y agradecimiento de estar entrando en unas nuevas coordenadas espacio-temporales que nos permiten un acceso inusitado a la comunicación y la información posibilita que también en este ámbito podamos dar un paso de *aquí* a *Aquí*. Nada nos debería impedir atravesar la cualidad de cada instante. Ello implica también ser conscientes del material del que están hechos estos artefactos y hacernos responsables del coste que supone para la Tierra y para muchos trabajadores que están en algún punto de la cadena de producción. La sensibilidad ecológica es inseparable de la sensibilidad por las condiciones de vida, de trabajo y de contrato humanos, y esto se juega en cada conexión que establecemos.

La Tri-unidad constitutiva de la Realidad

Raimon Panikkar logró condensar su pensamiento poliédrico en un único término: la realidad *cosmoteándrica*. En él recogió una tríada que está presente en la mayoría de las tradiciones no solo espirituales, sino también filosóficas y cosmovisionales: la interrelación de la dimensión divina, humana y cósmica.

Tenemos que pensar todos los fragmentos de nuestro mundo actual para reunirlos en un conjunto no monolítico, pero sí armónico […]. Nada se desprecia, nada se deja de lado. Todo es integrado, asumido, transfigurado. Nada se aplaza para el futuro: toda la presencia es aquí, está presente. Nada se arrincona o se considera irredimible, incluidos el cuerpo y la memoria humana. La transfiguración no es la visión de una realidad más bella ni una evasión a un nivel más elevado: es la intuición totalmente integrada del tejido sin costuras de la realidad entera: la visión cosmoteándrica.[4]

A los que nos seduce el lenguaje y nos fascinan las palabras, el mero hecho de escuchar o de pronunciar este término nos suscita la experiencia de lo que significa:

> Son las tres dimensiones que constituyen lo real, cualquier realidad en la medida que es real […]. Son constitutivas del todo, impregnan todo lo que es, y ese todo no es reductible a ninguno de sus componentes […]. Todo lo que existe, cualquier ser real, presenta esta constitución trina expresada en las tres dimensiones […]. Esta relación no es solo constitutiva del todo, sino que brilla, siempre nueva y revitalizada, en cada destello de lo real.[5]

4.   Raimon Panikkar, *Visión trinitaria y cosmoteándrica: Dios, Hombre, Cosmos. Opera Omnia*, vol. VIII, Editorial Herder, Barcelona, 2016, pág. 241.
5.   Raimon Panikkar, *La intuición cosmoteándrica*, Editorial Trotta, Madrid, 1999, pág. 81. También en: *Obras completas*, Vol. VIII, Editorial Herder, Barcelona, 2016, págs. 330-331.

Con esta formulación, Panikkar expresaba y daba a comprender la tri-unidad radical que constituye la misma realidad y cada una de sus manifestaciones. Tal vez esta sea la aportación más importante de su pensamiento. En sus escritos insiste en que deseaba transmitir algo nuevo:

> No estoy diciendo solo que todo está directa o indirectamente relacionado con todo lo demás, la relatividad radical o *pratitya-samutpada* de la tradición budista.[...] La intuición cosmoteándrica descubre la estructura trinitaria de todo, no es una división tripartita de los seres, sino una visión del triple núcleo de todo lo que es, en la medida que es.[6]

La tríada del Ser está presente en todos los seres: todo está simultáneamente atravesado de misterio y trascendencia (lo divino), de conciencia y de afecto (lo humano), y forma parte de alguna manera de la densidad del cosmos. La triple interrelación cosmoteándrica expresa este triple vínculo constitutivo entre lo tangible (cosmos), lo intangible (*théos*) y lo consciente-sintiente (*anthropos*). La inseparabilidad de las tres dimensiones extiende la sacralidad a la totalidad de lo Real.

Pero decir todo esto no serviría de nada si no se convierte en experiencia y si no transforma nuestro modo de vivir. En

6.   *Ibidem*, págs. 81-82.

el diario de Raimon Panikkar se percibe su lucha para dar a entender las implicaciones de esta visión. El 28 de junio de 1996 anotaba:

> ¡Cómo me gustaría que se viviese (y que teóricamente elaborase) la espiritualidad cosmoteándrica! [...]. Quizás he alcanzado una etapa en mi vida en la que todas mis intuiciones se están purificando y cristalizando. La experiencia cosmoteándrica es también la superación del monoteísmo, de todo el teísmo y la soberanía de la razón.[7]

Once años más tarde, con ochenta y nueve años de edad, seguía profundizando en este vislumbre:

> Estoy cambiando radicalmente mi visión de la realidad, expresada de forma demasiado críptica en la visión cosmoteándrica. Dios como entidad separada no existe. Esta es la Trinidad, que creo que vivo. Es la realidad del Espíritu, que no es mi ego, pero que no está separado o es separable de mí.[8]

Esta unión entre trascendencia e inmanencia, entre lo tangible y lo intangible, entre lo irrepetible y lo universal se realiza en cada existencia. Se trata de poder llegar a experi-

---

7.   Raimon Panikkar, *El agua de la gota. Extractos de su diario*, Editorial Herder, Barcelona, 2019, pág. 219.
8.   *Ibidem*, 17 de marzo de 2007, pág. 330.

mentar que todo está en todo en cada momento, de percibir, como dijo William Blake, que «el universo está en un grano de arena».[9] Ello comporta un silenciamiento de la mente que se mueve en el ámbito de las distinciones y separaciones, y abrirse a ese Fondo que lo sostiene todo desde el interior de cada cosa y que posibilita la relación de unas con otras. Rumi lo expresaba con las siguientes palabras:

> No existe ser que esté desconectado
> de esa Realidad, y esa conexión
> no puede expresarse en palabras.
> Allí no existe la separación ni el regreso.[10]

De mil modos los seres humanos experimentamos este vínculo con la Realidad total. Tal es el origen de la religiones («re-ligaciones»), cada una de las cuales establece a su modo su conexión con la totalidad. En el cristianismo, incluso la naturaleza de Dios se considera constitutivamente relacional. El Ser absoluto no está ensimismado, sino que él mismo, dentro de sí mismo, es tri-unidad, es interrelación. Dejó escrito un monje medieval: «El Padre es quien besa; el Hijo es quien recibe el beso y el Espíritu Santo es el beso

---

9.   «Augurios de inocencia» en: William Blake, *Ver un mundo en un grano de arena (poesía)*, Visor de Poesía, Madrid, 2009.

10.   Coleman Barks, *op. cit.*, pág. 195.

mismo».[11] Cada una de las Personas divinas está referida a la otra, es constitutivamente extática. Esta radical desapropiación de sí mismas genera Vida más allá de sí mismas. Lo mismo sucede en las personas humanas. La cuestión es mantenerse en este estado de religación. Cuando esto sucede, uno no puede apropiarse de nada porque se percibe formando parte de este Todo. Apropiarse es desgarrarse de la totalidad y aislarse. Cuando se capta esta interrelacionalidad ya no hay lugar para la soledad, porque uno se siente formar parte de este entramado que le sostiene y le nutre.

Experiencia de comunión en una situación límite

Me permito traer aquí el relato de una experiencia límite de esta interreligación radical y de cómo puede darse el paso de una soledad extrema a la experiencia de interdependencia divino-humano-cósmica. Procede de uno de los supervivientes del avión que se estrelló en los Andes a casi cuatro mil metros de altura el 13 de octubre de 1972. Era miembro del equipo de rugby uruguayo que se dirigía de Mendoza a Santiago de Chile para jugar un partido. En el avión iban cuarenta pasajeros más cinco tripulantes. En el impacto murieron trece. Dieciséis días más tarde tuvieron

---

11.   Guillermo de Saint Thierry, *Carta a los hermanos de Monte Dei*, Sígueme, Salamanca, 1995, n.263, pág. 115.

que afrontar otra adversidad: fueron sepultados por un alud que provocó la muerte de ocho compañeros más. A lo largo de los cincuenta y seis días siguientes hasta el momento de su rescate morirían otros tres. Quedaron dieciséis supervivientes. Acuciados por el hambre, el décimo día tuvieron que afrontar un dilema que ponía al límite su condición de seres humanos: ¿podían alimentarse de los cuerpos de sus compañeros fallecidos? Después de angustiosas deliberaciones decidieron hacerlo. Cuando fueron rescatados, en una conferencia pública ante sus familiares y amigos, pero también ante la prensa y ante muchos curiosos y desconocidos, antes de que nadie les preguntara sobre cómo habían conseguido sobrevivir setenta y dos días sin provisiones, uno de ellos dijo: «Nuestros compañeros muertos dieron su cuerpo como alimento, como Jesús». En el límite entre lo más sórdido de la antropofagia y lo más sublime del sacrificio recorrieron aquellos setenta y dos días. En ese contexto experimentaron el aislamiento en las montañas andinas así como múltiples formas de solidaridad y fraternidad entre ellos, de modo que todavía hoy se identifican entre ellos como «los hermanos de montaña». Además del conocido relato *¡Viven!*, escrito en 1974 por Piers Paul Read, periodista británico, como fruto de las conversaciones con todos ellos, a lo largo de los años posteriores han ido apareciendo relatos personales de algunos de ellos, cada cual marcando su acento. El que recojo aquí, aparecido cuarenta años más tarde (2012), procede de Eduardo Strauch, actualmente arquitecto. El título mismo de su relato, *Desde el silencio,* indica las vivencias que tuvo y el ángulo desde donde interpreta aquella experiencia. Escribe en una de sus páginas:

> Una de las primeras noches de espera y de desamparo, me atreví a salir del abrigo del fuselaje para orinar a fuera. El frío inimaginable era como de cien mil navajas cortándome la piel. Supe que la más mínima demora en la intemperie sería una gran temeridad, pero no pude evitar detenerme por uno segundos ante la belleza del firmamento que brillaba con tantas estrellas que yo no había visto jamás. Reconocí constelaciones que algunas noches tímidamente asoman en los retazos de cielo difuso que la ciudad nos permite vislumbrar. Ahora las veía resplandecer en toda su gloria como infinitos puntos luminosos marcando la profundidad del cielo sobre el que se recortaba la silueta de la montaña.[12]

De pronto su mirada se posó sobre la montaña gigantesca que les barraba el paso y que les retenía como prisioneros:

> Estaba allí, imponente y enigmática. Sobre su contorno latía el destello de los astros y, sin embargo ella, con su serenidad de permanencia, era la que atrapaba mi mirada. La miraba desde mi humana pequeñez. Yo no era más que un miserable ser efímero ante su edad de miles de milenios, diminuto ante su majestuosa

---

12.   *Desde el silencio*, Desnivel, Madrid, 2012, pág. 17.

presencia. Y aún más que eso, yo era un hombre debilitado por la sed, por el hambre y el cansancio, torturado por la incertidumbre y por el miedo y, a pesar de ello, sentí una extraña correspondencia, como si esa tremenda masa de piedra se reflejara en mí y a través de mi conciencia adquiriera la suya.[13]

Sin saber cómo, se dio esta comunión entre este ser humano y la naturaleza. Pocos días después se produjo el alud. Tras tres días sepultados por la nieve, pudieron salir del fuselaje del avión:

Como topos de la cueva algunos salimos y encontramos un día esplendoroso. El cielo azul intenso y el manto blanco de nieve refulgente parecían esperar en majestuoso silencio que llegáramos a revolcarnos alegres, celebrando la plenitud y la libertad que transmitía ese paisaje. La nieve lo había purificado todo, como si hubiera puesto orden en nuestra casa. El entorno del fuselaje ya no estaba sucio y cubierto de desperdicios y restos macabros. Un suelo blanco e incontaminado se extendía alrededor de nosotros y ni siquiera una huella lo marcaba, como tampoco había una mínima nube en esa inmensa bóveda azul que lucía en toda su magnificencia.[14]

13. *Ibidem.*
14. *Ibidem*, pág. 55.

La pureza de la nieve virgen le produce una apertura parecida a la de los días anteriores:

> Aspiré ese aire incontaminado y me sentí unido a la naturaleza con una intensidad desconocida. Siempre me había considerado parte de ella, pero en ese momento experimenté toda su potencia y su infinitud. Mi espíritu se expandía en una realidad sin límites y volvía a mí enriquecido con un conocimiento que no era intelectual. No solo me sentí parte del universo, sino que me parecía poder abarcarlo y vivir su plenitud en cada respiración. Ya no buscaba a Dios como una identidad separada de mí mismo. Dios estaba allí, en mi propio interior, en esa mente infinita que lo contenía todo.[15]

La comunión cosmoteándrica se produjo entre la cordillera de los Andes, el grupo de supervivientes que daban un sentido sagrado a comer los cuerpos yacientes de sus compañeros y la apertura al infinito de esa experiencia que tuvo uno de ellos en nombre de todos los demás. De este modo, el glaciar de *El Valle de las lágrimas* –así se llamaba ya previamente ese lugar- se convirtió en *Valle de la Trascendencia*. El gran reto de todo camino espiritual es poder mantener abierto ese vislumbre, sostenerse en él en todo momento.

---

15.   *Ibidem.*

* * *

Hilos invisibles tejen
   nuestras sombras
      hasta darnos forma.

Entre el macrocosmos
   y el microcosmos

somos el prodigio
   de una extensa trama de relaciones
      que se hilvanan en nosotros.

Todo está aquí y también allá.
   Nada está alejado de nada
      porque el Todo está en todo.

Vacío y substancia,
   red infinita y compacta
      que trenza los fragmentos
         que nos separan.

Para poder existir
   necesitamos el universo.
      ¿De dónde la angustiosa sensación
         de sentirnos solos
            si las innumerables galaxias
               y las edades más remotas del cosmos
               están en nosotros?

Descubrirse enhebrados unos con otros
emanando de un Fondo sin fondo
que se manifiesta
en todo,
en todos,

sin agotarse,
reverberando
en cada gesto,
en cada rostro.

12. De la ausencia a la Presencia

El fondo de Dios y mi fondo
Son el mismo y el único Fondo.

Maestro Eckhart

En este último umbral culminan todos los caminos, confluyen todas las vías, recapitulan y descansan todos los accesos. Ausencia y Presencia son percepciones o estados del yo, que es quien los siente, mientras haya un yo que los sienta. Este *yo* puede ser cuenco u obstáculo. Sin movernos, podemos modificarnos completamente cuando alcanzamos el Lugar primero, el origen del que brota el mundo y nosotros mismos, ese único y mismo Fondo que está también en toda superficie. Este tan largo y a la vez tan breve recorrido comienza en uno mismo y va por uno mismo, ya que cada uno de nosotros es la Tienda del Encuentro con la Realidad plena. Nuestra autopresencia es el único *lugar* por el cual podemos acceder a los demás, al mundo y a Dios.

Sin haberlo explicitado demasiado, a lo largo de estas

páginas hemos mencionado tres vehículos y dos claves de acceso. Los vehículos son:

El cuerpo, que actúa a través de la percepción. El hecho de que uno viva la experiencia de Ausencia o de Presencia depende de la calidad de comunión que establece con el entorno a través de sus sentidos. Nos podemos hacer íntimos de las cosas por el modo de acercarnos a ellas. En la medida en que somos capaces de comulgar a través de nuestros poros, no hay lugar para sentirse solo o aislado.

El corazón actúa a través de la relación y del amor. Su tarea es abrirse al Tú intangible que cada tradición nombra de un modo distinto y abrirnos a los tús tangibles que conviven con nosotros. Son las heridas del corazón las que obstruyen y las que provocan la sensación de ausencia.

La mente trabaja a través de la consciencia. Su campo es la captación de la totalidad a la vez que establece conexiones entre las diversas partes. Cuando la mente percibe que forma parte de lo que trata de comprender y analizar, cambia radicalmente su modo de aproximarse a las cosas.

En cada una de estas tres aproximaciones estamos nosotros. A través de ellas accedemos a lo Real bajo un modo diferente, pero complementario.

A su vez, podemos alcanzar la Presencia en cada aquí bajo dos claves: la relacional-teísta, donde el yo humano anhela y avanza hacia el Tú infinito, buscando unirse sin confundirse; y la adual-oceánica, en la que ese mismo yo se sumerge en el gran Todo, más allá de la dualidad yo-tú.

Ambas aproximaciones son ciertas, ambas son verdaderas. Las dos conducen al mismo lugar, pero no llegan por el mismo lugar. De aquí su riqueza y su complementariedad. Pero antes de entrar en ellas conviene aclarar algo previo.

La mente no es la consciencia

El gran problema de nuestra cultura es identificar la mente como la única forma de consciencia. La *consciencia* a la que se refieren las tradiciones de Oriente no es la *conciencia* que solemos identificar en Occidente. En algunos textos queda marcada la diferencia por la «s» que se introduce en la primera: *conSciencia* y *conciencia*. La primera contiene no solo un carácter cognitivo sino integral, donde lo que se conoce no es mero objeto, sino que pasa a ser sujeto de uno mismo, mientras que *conciencia* tiene una connotación moral, algo semejante a la diferencia que veíamos en el tercer capítulo entre *atención* e *intención* o entre *atención* y *vigilancia*. Pero no solo se trata de esto, sino que los maestros de Oriente distinguen entre la *consciencia de algo* y la *consciencia en sí*. En la consciencia de algo, si bien vamos más allá de la mente porque el objeto conocido pasa a formar parte de nosotros como sujetos conocedores, todavía estamos reducidos a un campo particular. Hay mucho más por abrir. Nisargadatta dice:

El propósito último de la meditación es llegar al origen de la vida y de la consciencia [...]. La consciencia en sí es primordial; es el estado original, sin principio ni fin, sin causa, sin sostén, sin partes ni cambio [...], tranquila y silenciosa. Es la matriz de toda experiencia.[1]

El camino del despertar y de la liberación comienza cuando nos damos cuenta de que hay otro modo de acceder a la realidad en la que ya estamos y somos. Este acceso no es mental, sino que procede de un lugar que nos trasciende a la vez que nos constituye desde lo más íntimo de nosotros. Jean Klein aclara:

La consciencia es conocer como ser. Es totalidad. Desde el punto de vista de la mente, todo objeto pide un sujeto, y un sujeto pide un objeto. Este así llamado sujeto es un objeto, también, percibido por la consciencia. En esta están el gozo, el amor y la libertad eternos. Hay que distinguir entre lo que es y lo que existe. La existencia vive en la consciencia. La consciencia se expresa en la existencia. Es la totalidad, y de ningún modo se ve disminuida o aumentada por la existencia.[2]

A este lugar matricial de conocimiento y de experiencia se le llama *corazón* en muchas tradiciones. Dice Ramana:

---

1.   Nisargadatta, *Yo soy Eso, op. cit.*, pág. 58.
2.   Jean Klein, *¿Quién soy yo? La búsqueda sagrada, op. cit.*

El Corazón es el refugio de la emergencia y sumersión de ese «yo» […]. Es la fuente, es el comienzo, el medio y el fin de todo. El Corazón, el espacio supremo, jamás es una forma. Es la luz de la verdad. […] El no-conocedor solo ve la mente, que es un mero reflejo de la luz de la conciencia pura del Corazón. Es ignorante del corazón. ¿Por qué? Porque su mente está extrovertida y nunca ha buscado su fuente.[3]

En verdad, nunca estamos lejos ni fuera de nosotros mismos, de ese *Atman* que en sánscrito significa «espíritu» y que también es el pronombre impersonal, el Sí mismo. Este doble significado de *Atman* hace de este término una de las claves de la experiencia del hinduismo –particularmente del Vedanta–, ya que en él se conjuga lo trascendente y lo inmanente, lo personal-individual y lo Transpersonal-Absoluto. Prosigue Ramana:

No hay nadie que ni siquiera por un instante deje de experimentar el Sí mismo (*Atman*), puesto que nadie admite que esté nunca aparte de Sí mismo (*Atman*). Él es el Sí mismo (*Atman*). El Sí mismo es el Corazón.[4]

Desde ese Centro todo se ve tal como lo ve Dios, porque ese Centro y Dios son la misma cosa. «El fondo de Dios y

3.   Ramana Maharshi, *Las enseñanzas de Sri Ramana Maharshi*, Sri Ramanasramam, Tiruvanamalai, 1985, pág. 40 y pág. 117.
4.   Ramana Maharshi, *Conversaciones con Ramana Maharshi*, *op. cit.*, I, pág. 131.

mi fondo son uno y el mismo fondo» afirma el Maestro Eckhart.[5] Así lo expresaba Alce Negro al final de su vida, líder espiritual del pueblo lakota durante la segunda mitad del siglo XIX, cuando se había quedado invidente, pero cuando, sin embargo, más sabiduría había alcanzado:

> Yo soy ciego y no veo las cosas de este mundo; pero cuando la Luz viene de Arriba, ilumina mi corazón y puedo ver, pues el Ojo de mi corazón lo ve todo. El corazón es el santuario en cuyo centro se halla un pequeño espacio donde habita el Gran Espíritu y este es el Ojo. Este es el Ojo del Gran Espíritu mediante el cual Él ve todas las cosas y mediante el cual le vemos [...]. Para conocer el Centro del corazón en el que reside el Gran Espíritu, hay que ser puros [...]. La persona que de este modo es pura contiene el Universo dentro de la bolsa de su corazón.[6]

Al buscar hacia afuera, no nos damos cuenta de que formamos parte de esa búsqueda, de que estamos dentro de ella. Permanecer en esta matriz es arraigarse en la Presencia. Lo que se percibe desde ella regresa a ella. En el Vedanta, esta Realidad suprema se conoce como *Saccitananda*: *Sat*, «Verdad», *Chit*, «consciencia», *Ananda*, «gozo», «felicidad». El yo que experimentamos como separado participa de *Eso*, *es Eso* y se realiza cuando tiene la consciencia de serLo, de modo que

5.   Maestro Eckhart, *El fruto de la nada*, *op. cit.*, pág. 49.
6.   *La pipa sagrada*, Taurus Ediciones, Madrid, 1980, pág. 24.

ya no tiene necesidad de autoafirmarse como yo, sino de entregarse plenamente a Él-Eso. En palabras de David Carse:

> El Brillo adentro
> donde el Corazón se abre y no hay
> Nada
> no yo no alguien
> solo desgarradora belleza
>   y desbordante gratitud

> Vertiéndose.[7]

Apertura, gratitud, belleza... En el otro lado de cada palabra está su reverso: cerrazón, exigencia, resentimiento, fealdad, frustración. Que se esté en un lado u otro es signo de que se ha abierto o no el espacio interior, lo único que puede dar a conocer el fondo de la realidad.

La Presencia en clave relacional-teísta

La aproximación teísta identifica la Presencia como un Tú, un Rostro que es accesible e inaccesible a la vez. La experiencia de la separación produce ansiedad y angustia. En las tradiciones místicas teístas se canta de mil modos el

---

7.   David Carse, *op. cit.*, pág. 25.

anhelo del reencuentro. En el sufismo, la flauta de caña, el *ney*, expresa con su dulce melodía la tristeza del exilio, la añoranza de los orígenes. Con su lamento recuerda el cañaveral del que fue cortada, tal como canta Rumi al comienzo de su *Masnavi*. Y prosigue:

> La flauta de caña
> es fuego y no aire.
> Alcanza esa misma vacuidad.
>
> Escucha el fuego de amor
> entremezclado con las notas de la caña,
> a medida que la perplejidad
> se funde para hacerse vino.
>
> La caña es amiga
> de todo aquel que quiera que se rasgue
> y se aparte la tela.
>
> La caña es dolor
> y ungüento juntos.[8]

Pero no se puede regresar a casa con un yo. Ese yo es el obstáculo, ese giro de la autorreferencia:

---

8. Jalaludin Rumi, *Mathnawi*, Editorial Sufí, Madrid, 2003, vol. I, pág. 11 y en Coleman Barks, *op. cit.*, pág. 36.

Cierta persona llegó a la puerta del Amigo y llamó.

–¿Quién es?

–Soy yo.

El amigo respondió:

–Vete. En esta mesa no hay comida para la carne cruda.

El errante pasó un año deambulando. No hay nada como el fuego de la separación para cambiar el ego. La persona regresó completamente cocinada. Anduvo arriba y abajo por delante de la casa del Amigo y finalmente llamó con suavidad.

–¿Quién es?

–Tú.

–Adelante, en esta casa no hay cabida para dos.[9]

El mismo Rumi aclara: «No ser es la senda».[10] Tal es la paradoja: perderse en Quien se encuentra. Es lo mismo que exclamó Al-Hallaj:

Entre Tú y yo

hay un yo que me atormenta.

¡Aparta ese «yo soy» que nos separa![11]

9. *Mathnawi*, vol. I, pág. 240 y Coleman Barks, *op. cit.*, págs. 117-118.
10. En: Halil Bárcena, *Perlas sufíes*, Editorial Herder, Barcelona 2015, pág. 35.
11. Masnur Hallay, *Diván*, Ediciones del Oriente y del Mediterráneo, Madrid, 2002, n.º 58, pág. 109. En la traducción catalana de Halil Bárcena, se corresponde con *Diwan* 63. Cf. Hal.lāg, *Dīwān*, Fragmenta Editorial, Barcelona, 2010, pág. 205.

Pero, al mismo tiempo, el yo ha de completarse. Porque sigue habiendo un yo, el yo por el que la Presencia se hace consciente. Cuanto más asumido esté el yo, cuanto más autoconsciente, más capaz será de albergar Presencia y de percibirla. Para poder permanecer presentes en la Presencia, hay que estar autopresentes. Nadie nos puede sustituir en esta tarea de completarnos a nosotros mismos. Solo cuando estamos completos, podemos entregarnos y, a la vez, entregarnos es lo que nos completa. La vía de la consciencia culmina en la completud; la vía del corazón, en la entrega. ¿Qué somos en verdad? ¿Quiénes somos? Cuenco, reflejo, flujo de El/Lo-que-se-vierte en todo.

«El Padre y yo somos uno; sed uno como el Padre y yo somos uno» repite tres veces Jesús en el Evangelio de Juan,[12] triple repetición que expresa completitud, realización final de lo que el texto anuncia al comenzar: «Venid y lo veréis» (Jn 1, 39). Cuando se es Uno, ¿qué queda de los dos? Dice Rumi:

Si no vienes, todo eso no importa.
Si vienes, todo eso no importa.[13]

¿Quién es el que pronuncia estas palabras? ¿Él o uno mismo? Ambos y continuamente, desde de toda la eternidad. Para eso hemos sido existencializados: para ser el tú de

12. Cf. Jn 17, 11. 21. 22.
13. Coleman Barks, *op. cit.,* pág. 60.

Dios. El Tú que atrae a mi yo en cuanto que Alteridad radical me incluye y lo incluye todo. Ante ese Tú, todo lo demás se funde y deja de importar: «Si vienes, todo eso no importa». Sin su presencia nada puede llenar ni nada puede bastar, porque ese Tú es lo único que puede saciar el anhelo humano en cuanto que en Él se establece el vínculo esencial: «Si no vienes, todo eso no importa». Ese *venir* no es un *ir*, sino que es un regreso a casa, pero no hacia atrás, sino hacia delante porque volvemos –*venimos*– con todo lo que se ha incorporado a nosotros gracias a la aventura de existir. Se trata de un recorrido por las dos partes, tal como es propio del amor.

Regresar a nosotros mismos y a Él al mismo tiempo es lo que ofrecen las tradiciones religiosas teístas. Cada una propone un recorrido para que no nos quedemos a medio camino. Tarea exigente que se recrea en cada persona, a la vez que cada generación ha de saber acompañarla, propiciarla y celebrarla. También es exigente prescindir de tales tradiciones y osar o tantear el propio camino.

Haciéndose eco de la tradición sufí, dice Halil Bárcena: «Somos [mucho] más de lo que pensamos y [mucho] menos de lo que [nos] creemos. Más de lo que pensamos porque llevamos el cosmos con nosotros y menos de lo que [nos] creemos porque no somos el centro del cosmos».[14] Al

---

14.   «La contra» de *La Vanguardia*, 22 de mayo de 2012.

pensar, nos empequeñecemos, y al imaginar, nos agranda-
mos. No se trata ni de una cosa ni de otra. Nuestro pensar
es mental y, por tanto, de escasas medidas, porque solo podemos pensar a partir de lo que conocemos; creer, en este
contexto, es proyectivo y egocéntrico, saturado de la imagen
de nosotros mismos. Tomando la imagen de la ola y el mar,
cuando la ola piensa que es solo ola, se asusta y se agita,
pero se equivoca también creyéndose que es todo el mar. Es
agua de ese mar, pero hay mucho más mar que el agua que
hay en la ola. Cuando se sumerge en el mar, la ola se acalla
sobrecogida en el Ser. Cuando se alza ante el horizonte azul
que se despliega ante ella y exclama: «¡Oh, Tú!».

La Presencia en clave adual

La Presencia también se da en clave adual en cuanto que el
yo individual *viene* al Yo fontal, disolviendo su autorreferencia minúscula, egocéntrica y separada. El yo escindido
vive en la inquietud y en la ausencia, mientras que el yo
unido al Yo Esencial no conoce la separación en nada. Así
lo expresa el *Anuttaraaswttika* («Sobre lo Absoluto»), un
texto shivaíta del siglo X:

> Del camino que separa adoración, adorador y adorado,
> ni falta hace hablar de ello en lo Absoluto.
> Quien trasciende la diferencia, ¿cómo se prepara?

¿Cuál es el camino de entrada?

¡Esta ilusión no está escindida sino sujeta a la no dualidad
de la Consciencia!

Toda experiencia de la propia naturaleza es pura en esencia.

No tengas vana ansiedad.[15]

Al descubrirnos así, regresamos a la Fuente. A este remontarse hasta los Orígenes, el Maestro Eckhart lo llama *atravesar*:

> Dos son los movimientos esenciales: el fluir y el atravesar. Un gran maestro dice que el atravesar es más noble que el fluir, y esto es cierto. Porque cuando fluí de Dios, todas las cosas dijeron: «Dios es»; pero esto no me puede hacer bienaventurado, pues en eso me reconozco criatura. En el atravesar […] no soy ni Dios ni criatura; soy más bien lo que fui y lo que seguiré siendo ahora y siempre.[16]

Lo que dice Eckhart es que lo que verdaderamente nos hace sentirnos plenos y completos es alcanzar ese *Lugar* –que en verdad es un estado– anterior a la separación entre Dios y la criatura. Es descubrirse en el Ser sin atributos, en el Ser que es simplemente siendo. El fluir es lo propio del acto creador, como la Fuente que mana exteriorizándose en el

15.   C.f. Q *Centro de Experimentación*, Molinos (Teruel, España).
16.   Maestro Eckhart, *El fruto de la nada*, *op. cit.*, pág. 80.

agua (nosotros); pero al manar, nos alejamos de ella. La tarea de la criatura es remontarse en dirección a la Fuente –*atravesando* la tendencia a alejarse de la corriente– para regresar al *Lugar* donde está el agua antes de convertirse y abrirse en fuente. En ese Lugar primordial no hay dos (fuente y corriente), sino que Allí –que no es sino Aquí– el agua descansa mansamente:

> Entonces soy lo que fui y allí ni decrezco ni crezco, pues soy una causa inamovible que mueve todas las cosas [...]. En todo eso Dios es uno con el espíritu y esa es la extrema pobreza que se puede encontrar.[17]

La extrema pobreza es la suprema vacuidad, que también es la suprema libertad. A ese Lugar somos convocados. Lugar que, tal como venimos repitiendo desde el comienzo a modo de redoble de un tambor, se halla en el mismo lugar en el que estamos ahora y en cada momento. ¿Cómo podemos llegar a deteneros y alcanzarlo sin movernos? Únicamente *siendo*. Esta quietud no es inmovilidad ni parálisis, sino Presencia que contiene acción y movimiento. En palabras de Ramana:

> Nuestra naturaleza verdadera, lo desconocido que no puede ser nombrado porque no tiene forma, puede ser percibido en la deten-

---

17. *Ibidem*, págs. 80-81.

ción entre dos pensamientos o dos percepciones. Esos momentos de paro constituyen una apertura al instante, a una Presencia sin fin, eterna. Habitualmente no podemos creer en ella porque pensamos que lo que no tiene forma no es real. Entonces, dejamos pasar la posibilidad de una experiencia del Ser.[18]

Esta detención debe ser practicada continuamente. Con solo un instante de haber percibido esta Presencia, con tan solo una ráfaga, un atisbo, cambia la visión de las cosas para siempre. Aunque vuelva a velarse, Algo se ha abierto Aquí mismo y no podrá olvidarse.

Presentes en la Presencia

Alcanzar la consciencia de Lo-que-somos nos devuelve a la unidad con el Fondo y se restablece el vínculo esencial. Somos [en]-El/Lo-que-es, bien sea que nos identifiquemos con la perspectiva teísta (entonces se requiere la partícula *en*) o con el no-dual (no es necesario el *en*). Pasamos de la herida y agitación de la Ausencia a la sanación y quietud de la Presencia. Nuestra misma autopresencia es la Presencia, es Presencia. Somos Presencia tal como lo es el Ser. Así lo expresaba Ramana Maharshi:

18.   Jeanne de Salzmann, *op. cit.*, pág. 323.

La quietud es la realización. No hay un solo momento en el cual no exista el Ser [...]. No hay meta que alcanzar. No hay nada que lograr. Tú eres el Ser. No se puede decir nada más del Ser: solo que existe. [...] Ver a Dios o al Ser es solamente ser el Ser y ser tú mismo. Ver es la existencia. Es como si un hombre que se encuentra ya aquí preguntara cuántos caminos hay para llegar hasta aquí y cuál es el mejor camino. Lo único que necesitas es soltar el pensamiento de que eres tu cuerpo y todos los pensamientos sobre los objetos, es decir, el no-ser.[19]

Ignorancia es otro modo de decir ausencia. Ver, soltar, no pretender alcanzar ni lograr, es lo que nos devuelve al Ser sin que en ningún momento hayamos dejado de estar en Él, de ser en Él, de ser Él. Que *ver* se convierta en ser no es evidente en nuestra experiencia ordinaria. Estamos llamados a vivir lo que David Carse expresa:

«Más íntimamente de lo que pueda imaginarse, yo no estoy presente; lo que la Presencia Es, yo soy».[20]

La Presencia no es algo que esté presente. En realidad no hay «Esto» y «Ahora». Ambos son lo mismo, son la tal-idad, la es-idad de Esto-Ahora.[21]

19.   Ramana Maharshi, *Sé lo que eres, op. cit.,* págs 28 y 36.
20.   David Carse, *op. cit.,* pág. 133.
21.   *Ibidem*, pág. 306.

El único voto del *bodhisatva*:

simplemente Ser este Único Todo Yo Soy

   sin miedo ni apego

   sin intención o expectativa

   sin separación ni conexión

   sin identidad

   despreocupadamente

Presencia

   Siendo

   Quietud aquí

Y Siendo así el vacío

   una apertura

por siempre viendo Yo, en medio de Yo no-viendo:

   Todo Lo Que Es - Que Lo Es Todo.[22]

De ahí brota toda la fuerza de la vida. Y todo esto no puede vivirse, sino en el presente, porque en verdad es lo único que existe. El pasado es recordado desde el ahora y el futuro es anticipado también desde el ahora. En ambos casos, acontece en el presente. De aquí este episodio budista:

> En una ocasión le preguntaron al Buda por qué sus discípulos parecían tan radiantes. El Buda respondió: «No se arrepienten del pasado, ni piensan acerca del futuro, sino que viven el presente. Por tanto, están radiantes. Al pensar sobre el futuro y

22. *Ibidem*, pág. 422.

arrepintiéndose del pasado, los tontos se secan cual junquillo cortado al sol».[23]

Vivir proyectados hacia el futuro o retardados hacia el pasado nos escinde de la Vida y nos deja resecos «como juncos cortados al sol». La llamada que nos llega de tantos modos es siempre y para todos la misma: vivir autopresentes en la comunión cosmoteándrica en cada momento y situación, lo cual se abre en tres direcciones: hacia las cosas, haciendo un uso reverencial de ellas; hacia las personas, teniendo un respeto sagrado por cada ser humano y hacia la Presencia silente que se vierte por doquier y que se expresa de tantas maneras como tradiciones religiosas y espirituales existen.

* * *

23.   Traducción y comentarios de Ado Parakranabahu, *El sutra de Benarés*, Editorial Kairós, Barcelona, 2014, pág. 167.

Nuestra condición paradójica
nos impide reconocer
que somos
Lo-que-buscamos.

Un inaplazable Deseo
nos pone
en camino

para que al perdernos
¡Perdidos!
despertemos
¡Despertamos!
en brazos de Lo-que-anhelamos.

No podría suceder
si no estuviéramos
al acecho
de ser encontrados.

Irrumpe en nuestra Sed
el Océano
en el que naufragamos.

Epílogo: Del exilio al Reino

> Es hora de que la humanidad
> abrace la totalidad de su herencia espiritual.
>
> KILMER MYERS[1]

El paso de *aquí* a *Aquí* a través de los doce umbrales que hemos recorrido –y de otros muchos más que podríamos haber identificado y que continuamente estamos atravesando, muchas veces sin percibirlo– supone un modo de existir que necesita tomar cuerpo en nuestro tiempo, tal vez de una forma más urgente que nunca. Del corazón humano brota continuamente el anhelo por un mundo en el que la existencia de todos pueda ser justa, armónica y pacífica, y que ello incluya a los seres de la naturaleza. Cada tradición religiosa nombra y ubica míticamente ese Lugar de algún modo: Edén, *Jannah*, Monte Meru, Tierra Pura, Shambala, Jerusalén –terrenal o celestial–, Monte Olimpo, etc. Pasar de que sea un lugar mítico-místico a que se haga presente

---

1. Kilmer Myers (1916-1981), obispo episcopaliano de San Francisco en la década de los años 1960.

realmente en el planeta ha sido y es el empeño de muchos. La *ecología reverencial* de la que habla Satish Kumar ha de poder convertirse también en una *política reverencial* y en una *economía reverencial*; incluso hemos de llegar a desarrollar una *tecnología reverencial*. Es urgente la co-inspiración de todas las tradiciones de sabiduría y de todas las disciplinas del saber y del hacer, convocadas a compartir y a dejar de competir. Urgente no significa precipitarse, pero sí tomar conciencia de que se trata de una tarea radicalmente necesaria y que requiere de una respuesta generosa y diligente.

Tanto el Exilio como el Reino atañen al espacio compartido en esta casa común que es esta tierra de todos. «El Reino de Dios está en y entre vosotros» (Lc 17, 21), recordábamos al comienzo. *Entos* es la preposición griega que aparece y que significa simultáneamente *en* y *entre*, mostrando en qué grado son inseparables la dimensión personal y la comunitaria, el espacio interior y el exterior. Que vivamos en el Exilio o en el Reino, en el infierno o en el cielo, depende de cada acto no solo individual, sino también colectivo. Cada vez que arrebatamos el fruto al Árbol de la Vida comienza el destierro. Cada vez que lo plantamos, regresamos al paraíso. Cuando lo arrancamos, nos arrancamos a nosotros mismos, nos desgarramos unos a otros y también desgarramos a la Madre Tierra. Cada acción inconsciente o compulsiva que llevamos a cabo hace aumentar las heridas –tanto personales como colectivas– y con ellas crece la confusión, el temor o la rabia de unos hacia otros. Esto cristaliza no solo en cada persona, sino también en la sociedad, creando grupos, instituciones, estructuras de todo tipo (mentales, culturales, religiosas, económicas, políticas, jurídicas, etc.) que contaminan nuestras relaciones, alejándonos de nuestra inocencia, convirtiéndonos en seres hostiles y ofendidos, defensivos y ofensivos unos de otros.

Pero, al mismo tiempo, con cada acción consciente, reverencial y agradecida crecemos los unos hacia los otros y también las estructuras sociales y las instituciones se hacen más amables y dejamos de ser amenazantes para la Madre Tierra. Ante la crisis actual que padecemos, más que nunca hemos de lograr que cristalicen unas condiciones de vida personales, comunitarias y planetarias que posibiliten no solo la realización personal, sino también colectiva. Cada tiempo ha apostado por ello y ha tratado de responder a esta llamada. A nuestra generación nos toca saber encontrar y concretar nuevas formas que nos posibiliten vivir auténticamente la vocación cosmoteándrica y que generen vida. No existe nada privado, aunque por supuesto que hemos de cuidar y preservar espacios íntimos. Todo nos atañe a todos. Este es uno de los rasgos de la Nueva Consciencia que amanece.

El neomonacato o neomonasticismo del que se habla en las últimas décadas tiene que ver con estas nuevas formas de vivir en lo Esencial y para lo Esencial; también hacia lo Esencial, porque es siempre una aproximación, nunca un término. Se requiere encontrar formas comunitarias que ofrezcan lugares donde acudir, en los cuales se cultive el silencio, la atención consciente, la vida austera y en la medida de lo posible, autosuficiente, donde nutrirse espiritualmente del legado espiritual de todas las tradiciones de sabiduría de la humanidad. En lugar –o además– de peregrinar a santuarios del pasado, hemos de peregrinar a los santuarios del futuro, lugares y comunidades cosmoteándricas que sean lugares de Presencia donde se cultive la autopresencia de cada uno, la escucha sagrada a los demás y la veneración a los demás seres del entorno natural.

Todo está Aquí y, a la vez, todo está por hacerse. En cada situación y en cada momento tenemos acceso al otro lado de Aquí mismo, pero necesitamos de la lucidez de todas las instancias para hacer constante y consistente esta travesía.

En la tradición budista, las personas *realizadas* son llamadas los *tathagatas*. Son aquellas personas que «han alcanzado el Aquí (*tatha*)», expresión que si bien inicialmente estaba reservada al Buda, en la tradición posterior también se atribuye a otros seres que han alcanzado la iluminación.

Tadyatha om gate gate paragate parasamgate bodhi svaha.

Así, en verdad,
se ha ido, se ha ido,
se ha ido más allá,
se ha ido completamente más allá,
alcanzando plenamente la iluminación.[2]

¿A dónde se habrá[n] ido, a dónde habrá que ir, sino al otro lado de *Aquí* mismo? Así terminan también los Evangelios: el Cristo que asciende a los cielos es el mismo que permanece en la tierra hasta el fin de los tiempos.[3] Cada tradición expresa a su modo la trascendencia y la inmanencia de la naturaleza esencial que se encuentra *Aquí* mismo, en el lugar en el que cada momento nos hallamos.

Tan cerca, tan lejos,
Tan lejos, tan cerca...

De Ahora y de Aquí mismo.

---

2. *El sutra del corazón* (tradición Mahayana, s.i), Editorial Kairós, Barcelona, 2003, págs. 95-96.
3. Cf. Mt 28, 20.